I0711936

MANIFIESTO EFICIENTE EXTENDIDO

JOSÉ CASERO SÁNCHEZ

MANIFIESTO EFICIENTE

JOSÉ CASERO SÁNCHEZ

PREFACIO

Para comprender la naturaleza del socialismo eficiente, debemos conocer primero la del propio socialismo. Nacido como una respuesta a la creciente industrialización que el mundo experimentaba a comienzos del siglo XIX, ésta corriente de pensamiento buscaba mejorar las condiciones de vida de los trabajadores que, hasta ése momento, nunca habían sido sujeto protagonista de los debates públicos. Trabajos como los de Engels sobre Inglaterra ayudaron en su momento a dar a entender la realidad de éstas condiciones, que rozaban casi la esclavitud, con trabajos precarios, y vida insalubre.

En aquellos tiempos, no muy lejos de las guerras que se sucedían en el continente europeo (ya fueran por causas dinásticas o nacionales), incluso la idea de la república era todavía un concepto (si bien desarrollado) que aún no se encontraba en su mejor momento. Siglos después de la vieja república romana, el sistema veneciano (pese a su componente aristocrático) parecía ser el único modelo de representación popular viable, hasta que la independencia de las colonias americanas abrió un nuevo modelo mucho más participativo, que sirvió de referencia, entre otros, para el independentismo de los virreinatos españoles.

Casi al mismo tiempo entraba en escena Francia, la cual, con su Revolución, convirtió la vieja monarquía en una nueva república que generó amplias expectativas entre las clases populares. Si bien el proto- socialismo de Babeuf no llegó a cuajar en el ya de por sí revuelta Convención Nacional, sus intenciones de mejorar la vida del famoso <<Tercer Estado>> se vieron indirectamente reflejadas en el Código Civil que Napoleón aprobó años después, donde ya se reconocía el derecho al trabajo.

Medidas que, en principio, no fueron mucho más allá. La política patriótica, romántica (y algo burguesa) era la moda del momento, y el nacionalismo ganaba (y por mucho) a la conciencia social. Algo que, en los años 10 y 20 del siglo XIX, comenzó a cambiar, debido a un fenómeno hasta entonces poco apreciado. El ludismo. Si bien la máquina siempre se consideró una aliada del hombre básico al momento de ejercer su tarea y labor, para mayor descanso, la introducción de nuevos aparatos que abarataban la

producción del sector textil despertó la codicia de muchos.
Algunos lo vieron como una revelación, incluso, al mismo nivel
que el del famoso oro español, llegado al continente desde tierras,
por entonces, remotas y extrañas.
Eso, lógicamente, no gustó a ninguno. Se organizaron protestas e
incluso quema de fábricas, pero el resultado fue inútil. Estaba
claro que los tiempos habían cambiado, y que el capital de las
sociedades de Indias que, con cierta lentitud, movían los precios
de las escasas bolsas de valores de la época, iba a multiplicarse
gracias a la nueva (y odiosa, según muchos) tecnología.
La preocupación inicial se justificó con el paso del tiempo. Los
artesanos de las ciudades tuvieron que cerrar paulatinamente sus
negocios propios ante el crecimiento de las nuevas industrias, que
ya se formaban como sociedades de participación. El sujeto era
ahora objeto, y las exigencias al respecto estaban bien claras. El
patrón mandaba, y el empleado obedecía.
Aunque siempre se guardó ese tipo de relación en las tareas
profesionales, lo cierto es que el incipiente capitalismo
(entendiéndose como tal a la ideología de acumulación excesiva
del mismo) no tardó en mostrar su verdadera cara, apenas veinte
años después de aparecer. En los Estados Unidos, la sociedad
agrícola se vio desplazada por una nueva élite financiera que, con
el control de las ya existentes universidades, se garantizaba un
acceso único al poder intelectual y financiero.
Pero no mejoraba, por ello, la situación en el resto del mundo.
Inglaterra comenzó a recrear las famosas escenas costumbristas
del silbato y la entrada a locales oscuros, por parte de los
trabajadores. Era un claro síntoma de que las relaciones entre
amos y siervos iban a cambiar para siempre, ya sin vuelta atrás.
Aunque no necesariamente motivado por causas económicas, el
colonialismo europeo, que llevó a dominar, directa o
indirectamente, casi todas las regiones hasta el momento
inexploradas del mundo, se benefició en cantidades sustanciales
de los nuevos territorios adquiridos. Si ya era fácil explotar a un
empleado en plena Europa, qué no sería para un peón africano, o
esclavo indio.
La creciente acumulación del capital mundial llevó al desarrollo
de operaciones cada vez más financieras, más intangibles, que ya

no reposaban en el dulce oro como valor de cambio. Ahora, la confianza, y la propia fuerza de trabajo generada por los empleados, eran el nuevo metal que debía rendir cuentas, día sí y día también, hasta el agotamiento.

Numerosos industriales de la época, ya preocupados por dichas desgracias sociales, sugirieron crear comunidades idílicas de trabajadores, donde estos pudieran ser tratados con igualdad, como los falansterios. Otros iban más allá, y empezaban a hablar de la necesidad de una mayor dedicación a la obra social y popular. La sociedad básica se organizaba como respuesta, y empezaba a pensar ya en una sola palabra.

Socialismo.

Pero, evidentemente, una cosa era la intención, y otra, la realidad. Mientras los bancos se frotaban las manos con las nuevas explotaciones financieras, de las cuales obtenían altas rentabilidades, o las propias fábricas, que incrementaban sus ventas con un trabajo, cada vez, de peor calidad, los nuevos obreros (sobre todo cuello azul) y los viejos (y desplazados) campesinos empezaban a buscar, de entre los filósofos y expertos de la materia de la época, a nuevas mentes que iluminaran el necesario camino de sus conquistas sociales.

Y aparecieron. Owen, Fourier, Saint Simon... Ellos empezaron la agitación de las conciencias con sus ideas utópicas. Sin embargo, esto parecía no ser suficiente. La construcción de ésas grandes comunidades resultaba costosa, y no era del interés de todos los capitalistas. Por ello, hacía falta otra ideología, que, derivando de esos principios sociales básicos, se supiera organizar en forma de acción, pensamiento... y partido.

La liga de los comunistas, influenciada por la de los Justos, aparecía en 1847 como una nueva organización con planteamientos claramente diferentes a los expresados hasta el momento. Ya no servía solo el educar en valores... Sino en estructurar. Crear una respuesta pública, social, o incluso, ya política, se hacía evidentemente necesario.

Las razones se deben encontrar, sobre todo, en el escaso interés real que las clases puramente populares despertaban entre los más avanzados progresistas republicanos. Muchos de ellos, provenientes de buenas familias, no deseaban guardar la menor relación con ésa masa de desposeídos que, poco a poco, encontraba en las instituciones oficiales, más a un enemigo, que a un amigo.

La república ya no era suficiente. Había que avanzar, proseguir con lo conquistado. El manifiesto de Marx y Engels dio a conocer un nuevo tipo de socialismo científico, cuya meta final era la extinción de todos los estados, a través de un complejo proceso de descomposición de las clases sociales, que se dio a conocer con el nombre de comunismo (o marxismo, según algunos disidentes). La organización del nuevo movimiento comunista produjo miedo en todos los países del continente. Los trabajadores ya no sabían sólo leer y escribir... También pensar y actuar. Y eso despertó enormes recelos, en la propia Alemania (de la cual Marx fue expulsado), en Francia (Napoleón introdujo medidas sociales para parar, hasta cierto punto, el movimiento), en Inglaterra... El fantasma aterrorizaba a zares y reyes, o presidentes, por igual. Estaba claro que, al mismo tiempo que el capitalismo avanzaba a pasos agigantados, también lo hacía el nuevo socialismo organizado. Este, sin romper la intención original de la extinción del estado, sufrió fracturas durante la I Internacional que llevaron a la concepción de otro tipo de acción social. El socialismo libertario.

Comúnmente considerado como anarquismo, éste tipo de socialismo, en realidad, buscaba, a diferencia de los capitalistas que odiaban lo público, una nueva forma de expresión social que se basara en la acción directa, y la extinción de la misma administración por la fuerza. Esto es, si bien la meta era idéntica a la del comunismo, el anarquismo social buscaba en el factor puramente político la solución definitiva a sus males. Bakunin o Kropotkin son ejemplos de ideólogos, del nuevo movimiento.

En la II Internacional, éste sistema quedó oficialmente excluido del socialismo político organizado, aunque no cesó en ningún momento su actividad. Y con ello, ya terminando el siglo XIX, aún faltaba por responder la gran pregunta que todos los militantes se hacían, con respecto a sus ideas. Si, todo esto está muy bien, pero, ¿cuándo lo ponemos de verdad en práctica?

Desde mediados del XIX hasta comienzos del XX, todos los partidos socialistas buscaron participar en los parlamentos nacionales con el objetivo de derrocar al estado, usando sus armas participativas. Pero apenas lograron concesiones sociales, de gran calado. La miseria continuaba presente, y nada indicaba que algo fuera a cambiar...

Hasta que llegó.

En 1917, un grupo de republicanos rusos logró echar al zar y constituir un gobierno provisional que, según anunciaba, daría pan y trabajo para todos los necesitados. Sin embargo, aquello que parecía ser otro intento de maqueta social se vino abajo cuando un hombre, convencido de sus ideales sobre el imperialismo y el estado revolucionario, impuso sus tesis en el famoso mes de abril del mismo año. Su nombre, Vladimir Ilich Uliánov, apodado, <<Lenin>>.

No es que lograra cambiar la visión del partido socialista ruso sobre su propia revolución. Es que deseaba, por todos los medios, y de una vez por todas, implantar el tan anhelado estado socialista, que representara únicamente a las clases populares. En Noviembre de ése año, casi por sorpresa, la directiva del partido logra iniciar una revuelta que termina con la toma del Palacio de Invierno, y con ello, con el derrocamiento del Gobierno Provisional. La organización, algo sorprendida por su propio éxito, se pone a trabajar de inmediato y forma un gobierno con Lenin y Trotsky (jefe de la diplomacia, y después, del ejército rojo) como cabezas más visibles.

Aquello será la chispa que prenda la revolución por toda Rusia, y lleve, tras años de intensos combates, a la fundación de la República Soviética del mismo nombre, y poco después, a la de la propia Unión Soviética.

En las sucesivas reuniones del politburó se implanta un nuevo modelo de producción, llamado de planificación (tras un período de guerra y la NEP), que será la base que articule la economía, y con ello, las prestaciones sociales del nuevo estado. Sería larga de explicar toda la historia. Pero los hechos más relevantes para éste nuevo tipo de economía se producirán en los años 1930 (en los cuales la URSS despegó como superpotencia) y en los años 1960, con la introducción del socialismo autogestionario supervisado.

Tras la II Guerra Mundial, se crearon nuevos países socialistas, que trataron de adaptarse a su nueva realidad, como mejor pudieron. Uno de ellos, Yugoslavia, tras un período inicial de planificación, decidió descentralizar la toma de decisiones económicas del partido en favor de los trabajadores. Un pensador muy importante de éste tipo de organización socioeconómica fue Edvard Kardelj (1910-1979), quien ayudó al líder Tito (1892-1980) a gestionar las políticas del nuevo estado, llevando hasta un nivel nunca visto, en términos de cohesión permanente, la gestión del trabajo por parte de sus protagonistas.

Cierto es que, debido a su enfrentamiento con la URSS, la deuda contraída por los préstamos occidentales y la restricción momentánea de sus exportaciones, la República Yugoslava pasó por momentos verdaderamente duros, que terminaron en su disolución final, ya en los noventa. La propia Unión Soviética, y los estados socialistas europeos cayeron también en éste período, como si el comunismo quedara con ello definitivamente sepultado (los países socialistas supervivientes tuvieron que adoptar políticas de mercado), y sus ideas sociales, definitivamente olvidadas.

Pero, ¿fue así?

En absoluto. La creación de economías alternativas, como la planificada, permitió la erradicación de muchos de los males que todavía afectaban a las clases obreras occidentales (y siguen haciéndolo). Su ejemplo demostró que, si se deseaba cambiar para mejor, se podía hacer... Lograr... Conseguir.

Ahora, explicada la historia del socialismo en términos muy resumidos (omito la línea de autogestión ucraniana y catalana), quiero enfocar el presente ensayo hacia aquello que nos interesa. ¿Por qué el socialismo eficiente? ¿Qué necesidad hay de crear otra corriente diferente? Básicamente, lo siguiente. No todas las preguntas fueron respondidas en la época soviética.

Las cárceles, el acoso laboral, la situación de los derechos sociales ... Salvo en debates de partidos de la Europa occidental, el comunismo <<oficial>> nunca prestó demasiada atención a estos <<detalles>>.

Muy necesarios, por otra parte. ¿Qué quiere hacer entonces ésta ideología? Sobre todo, buscar la administración más eficiente posible, que tenga en cuenta TODOS los parámetros que la base social demanda, con el objeto de darles una respuesta adecuada. No basta sólo la economía, o la intención social... Hay que ir más allá.

Eficiencia es mejora. Continua y permanente. El objeto del presente programa es, ante todo, encontrar soluciones para cualquier tipo de detalle que incida, para mal, en la vida social que planteamos. No sólo la contemporánea, sino también la futura. Erradicar las <<ineficiencias>> (históricas, de derechos humanos, legales, económicas...) TOTALES, obliga a encontrar un tipo de planteamiento que, aunque no siga los postulados científicos del socialismo oficial (y se acerque más al utópico), no rompa por ello con el espíritu que inició éste gran movimiento de justicia, para pobres y enfermos.

No basta con la economía. No basta con los trabajadores. Tampoco con la moral. La eficiencia, incluso en éste último aspecto (buscar los valores éticos que mejor se adapten a la evolución positiva [o negativa] de la propia sociedad) resulta necesaria de asumir, como el gran ariete que derribe el muro de la injusticia que el avance crea, sin darse cuenta.

O tal vez, sin querer hacerlo.

GRACIAS A TODOS LOS PENSADORES EFICIENTES.

INTRODUCCIÓN

1.- DEFINICIÓN GENERAL

El objetivo de escribir la siguiente introducción a las partes
programáticas y al socialismo eficiente en general, es aclarar
todos los puntos que éstas contienen. Pero, ¿qué es el socialismo
eficiente? Por éste término entendemos una rama del socialismo,
de carácter no científico, que busca en la adaptación jurídica el
camino para la extinción del estado. Esto es, su meta la busca a
través de una adaptación del ordenamiento jurídico colectivo y
genérico, hacia otro de carácter individual y específico.
Esto significa que, en lugar de crear leyes generales para grupos
masivos, el socialismo eficiente concentra toda su ideología en el
mismo individuo/ciudadano obligando así a crear un <<estado>>
para cada <<persona>>. La vía para lograr ésto se puede resumir
en la creación de normas que especifiquen, cada vez más, la
realidad personal de cada sujeto.

Las leyes que busquen armonizar éstos estados-individuo tendrían
que disponer de un significado de carácter coordinador, que
cubran aquellos aspectos que las realidades jurídicas individuales
no puedan realizar por sí mismas.
Socialismo eficiente significa acción social de adaptación. Esto
es, la búsqueda de la máxima eficiencia en la relación cima
política- base social. Resulta muy importante entender esto, ya
que ése es el verdadero motivo por el cual se definen éstas ideas.

2.- CONTENIDO PROGRAMÁTICO DETALLADO

El contenido de las dos partes se centran en tres partes
fundamentales. En primer lugar, el estado eficiente. Segundo, el
gobierno y los principios por los cuales éste debe regirse para
funcionar bajo un criterio eficiente. En la parte tres, la propia
prestación de la cima a la base. Básicamente, el servicio adaptado
que el estado entrega al usuario anticipándose a su demanda.
Del contenido general, especialmente del programa propiamente
dicho, cabe destacar el principio de eficiencia por el cual siempre

se deberán dirigir las políticas del gobierno eficiente. Tanto la eficiencia de respuesta, como la de cantidad, como la de control...

Esto es, reducción de la burocracia al mínimo; especialización de la misma al máximo y detección óptima de las preguntas de la base para la elaboración planificada de las respuestas.

Respecto al poder judicial, cabe decir que éste solo tendrá un único tribunal supremo (con el menor número de integrantes posible) como máxima respuesta judicial a todos los órdenes jurisdiccionales (que contarán con tribunales inferiores, en la menor cantidad posible).

También existirá la figura de un Consejo de Gobierno Judicial (que sólo podrá ser revocado por tres cuartas partes del parlamento, en cualquier momento), que vele por el buen funcionamiento del poder en cuestión. Será un órgano supervisor, que podrá contar con subsecciones, si fuera necesario, y que tendrá la tarea de analizar la eficiencia, tanto administrativa como judicial, de todos los casos presentados.

Por tal se entiende, por ejemplo, denunciar retrasos que lleven a posibles prescripciones de un delito. Los partidos judiciales (entendiéndose como tal las organizaciones judiciales municipales, provinciales, etc) serán organizados por dicho Consejo, llevando a cabo la tramitación el propio gobierno. Aunque éste los ejecute, el primero se reservará el derecho de aceptación, o de revocación, del modelo propuesto.

El Consejo (con su Presidente y Consejeros) gozará de inmunidad mientras dure en el cargo. Una vez expirado su mandato marcado en la norma suprema cesará (durará hasta la siguiente elección de la Asamblea) y será evaluado, de ser necesario, por una comisión legislativa. Si ésta encontrara irregularidades en su gestión, lo pondría en conocimiento de los nuevos miembros del Consejo para su enjuiciamiento por un Tribunal especial, compuesto por estos (y miembros adicionales elegidos por los anteriores).

El poder judicial, pues, debe reducir su burocracia al mínimo necesario, con el menor número de instancias posibles. El sistema a seguir podría ser el acusatorio, aunque esto se deja a libre elección. El que menor cantidad de recursos involucre, será el método ideal. El Presidente del Tribunal Supremo no es el del Consejo. El Consejo ostenta la representación suprema del poder judicial, y se encarga de revisar todos los posibles errores que el sistema cometa, tanto administrativa como judicialmente, en todos los órdenes jurisdiccionales previstos.

Pero el Tribunal Supremo se limita a ser el órgano máximo de resolución de conflictos. La elección, tanto del Consejo de Gobierno Judicial, como del Tribunal Supremo, dependerá de una Asamblea Nacional de Electores Judiciales que deberán integrar miembros elegidos (jueces, juristas...) de las instituciones más respetadas (y aceptadas oficialmente por el estado). Dicha asamblea será convocada por el Presidente del Consejo saliente, como fin al período judicial.

Los centros designados como válidos por el estado enviarán a un número de Electores (de número total igual a un tercio de la Corte de Representantes) determinado que serán sometidos a votación en ésa misma Corte legislativa. Si el equipo de Electores recibe el voto favorable de dos tercios de la Cámara, quedará aprobado para sus nuevas funciones. De lo contrario, habrá que proponer nuevas listas hasta que se agote el plazo de renovación marcado en la ley suprema. En tal circunstancia, ni el Consejo ni el Tribunal se renovarán. En caso de necesidad extrema, se designarán por parte del ejecutivo miembros temporales a propuesta del parlamento.

Una vez aprobada la nueva Asamblea, ésta se reunirá para deliberar sobre la nueva composición, tanto del Consejo como del Tribunal. Se propondrán listas de candidatos (estos no tienen por qué formar parte de la Asamblea) y se votarán las mismas. Aquella que reciba el mayor número de votos judiciales dentro del período previsto por la ley, será la elegida. El equipo del Tribunal Supremo (que no puede ser destituido directamente) y del Consejo de Gobierno van parejos. Eso quiere decir que si el parlamento destituye a la dirección del último, los miembros del Tribunal también serán removidos. En ése caso, se empleará la segunda lista más votada para cubrir los puestos vacantes de ambos organismos. Si se hiciera otra vez, la tercera y así consecutivamente. Si no quedaran listas, la Asamblea tendría que reunirse de nuevo para crear otras nuevas.

Los Electores no concluyen sus funciones hasta la composición de una nueva Asamblea. Respecto a los tribunales inferiores, se deja a libre criterio su elección. Lo anterior sólo afecta a la dirección del propio poder. Aunque se podrían crear también Asambleas provinciales, municipales... que elijan a sus equipos respectivos, repitiendo el modelo superior, no resulta obligatorio ejecutarlo de ésa manera. Siempre, de la forma menos costosa.

Eso vale para la Fiscalía (Ministerio Público, si existe) o el Defensor del Pueblo. Tienen que estar integradas, bien en el Tribunal, bien en el Consejo. Sólo en caso de extrema necesidad, se crearían como órganos independientes, reducidos al mínimo funcional. Lo más recomendable sería que dicho Ministerio Público estuviera integrado en el Consejo de Gobierno, nombrado por su Presidente, y, a partir de ahí, tuviera autonomía total durante un período obligatorio, hasta que se nombrara a un nuevo Presidente del Consejo, el cual estudiara su revocación, o no.

Si no pudiera ser así, se separaría dicha Fiscalía General, como organismo propio, aunque supervisado por el Consejo. Las figuras como el citado Defensor del Pueblo o un Sistema Electoral Organizado podrían ser entes independientes en sus funciones, pero su cúpula máxima debería ser nombrada por el Presidente del Consejo de Gobierno Judicial. Aunque ésto último es opcional, sí deben respetar el criterio de mínimo funcional, anteriormente citado. Se recomienda proceder de ésa forma tanto para el ente del Defensor como para el Electoral, que pueden ir integrados en dicho poder judicial de manera autónoma.

En cuanto al símbolo y denominación del estado, el país deberá llamarse <<República Socialista Eficiente...>> (con el nombre detrás) y su símbolo será siempre una bandera de color rojo con una cruz de cuatro puntas bifurcadas en ángulo recto en su final (dichas bifurcaciones serán la tercera parte de largas que las líneas que les dan origen), de color negro. Habrá dos modelos.

La bandera del partido eficiente usará una cruz <<acortada>> cuyas puntas terminen al inicio de la bifurcación. Esta cruz estará centrada dentro de la bandera. La bandera del estado usará una cruz cuyas puntas se prolonguen más allá de dicha bifurcación, formando un ángulo recto invisible con el final de las propias bifurcaciones. La posición de la cruz debe situarse en la esquina superior izquierda de la bandera, con dimensiones de libre consideración. La idea que sugiere éste modelo es que el socialismo eficiente ha logrado su cometido, y está <<completo>>. Se podrá añadir a la bandera, en su centro, hasta cuatro elementos decorativos de carácter nacional (para diferenciar a las naciones socialeficientes entre sí).

La eficiencia vertical supone eliminar la burocracia al mínimo, así como todas las entidades subnacionales y sus organismos salvo que estén justificadas por eficiencia histórica (una tradición, por ejemplo). El poder de la cima a la base será lo más directo y eficiente posible, así como el control del mismo por la base citada.

El socialismo eficiente siempre adoptará el método más eficaz; el que mejor produzca, con menor coste.

PUNTO ESPECIAL.- CRITERIOS PARA LA CREACIÓN DE NUEVOS ENTES PÚBLICOS

Para definir cualquier otro tipo de órgano institucional no añadido o explicado aquí, se deberá atender a los siguientes principios:
1.- Principio de naturaleza.

En él, recogemos las funciones que deseamos representar en las instituciones del estado. Tenemos que identificar dichas actividades necesarias para así poder definir al futuro ente que las asumirá.

2.- Principio de eficiencia institucional.

Debemos contemplar si ésas funciones se pueden integrar en los poderes y organismos dependientes que ya están descritos en éste documento. De ser así, se procederá a ello. De no ser posible, se creará un organismo nuevo, dependiente de los ya existentes. De no ser (de nuevo) factible, se generará como independiente, reducido en su estructura y funciones al mínimo necesario (la complejidad del mismo va pareja de la necesidad).

3.- Principio de horizontalidad.

Si se creara un organismo independiente, o incluso, un nuevo poder público, éste mantendrá de sus entes equivalentes absoluta independencia (en todos los sentidos), así como ejercerá un contrapeso con respecto a los mismos (los de su mismo nivel).

3.- CONSIDERACIÓN FINAL

La creación de un estado eficiente no es la consecución final de la presente ideología. La idea básica que se pretende consiste en crear leyes cada vez más específicas (cuando la tecnología y la capacidad real del ser humano así lo permitan), para que así se suprima el carácter general de la norma jurídica. Esto es, evolucionar del ordenamiento general y no concreto a otro más específico. Una constitución particular para cada uno.
Debemos comprender que el mero hecho de administrar un país o una sociedad bajo los principios de eficiencia gubernamental no lleva necesariamente a crear un estado eficiente. El mejor sistema que se adecúa a ésta definición sería aquel que buscara en el propio individuo el mismo estado; la situación personal dinámica de cada uno regida por leyes específicas para su situación.

El socialismo eficiente tiene por tarea, como se entiende, de la eficiencia en la existencia de la acción. Esto es, que el acto en sí cumpla necesariamente con éste requisito. Y ésas acciones son, las del gobierno, las del estado... y las del propio individuo. ¿Y quién es el más importante de los casos anteriores? Evidentemente, el que existe realmente.

Volver eficiente al individuo, es adaptar todos sus hábitos a un ritmo de vida coordinado con el del resto de seres que lo rodean. Si estuviera solo, no habría problema. Pero habiendo más sujetos involucrados, se hace pues necesario tener en consideración la existencia de una sociedad que se agrupe de una forma ordenada. Tanto el sujeto-ente como el sujeto- conjunto, necesitan volverse en su propia existencia lo más eficientes posible. Ello implica que sus interacciones estén regidas por <<normas>> que no impidan al resto de sus congéneres llevar la misma vida que él lleva.

El gobierno, o incluso el estado eficiente, es importante. Pero si el mismo individuo que lo integra no se convierte en uno nunca lograremos la eficiencia de naturaleza, esto es, especificar su propia realidad de tal manera que ésta se vea representada correctamente.

Logrando dicha especificación conseguiremos, tarde o temprano, que el propio ciudadano se sienta consciente de su merecida libertad, sin que ello le implique el no incluirse como partícipe de la misma vida social.

PROGRAMA GENERAL

PARTE PRIMERA.-EL ESTADO Y EL GOBIERNO EFICIENTE. CARACTERÍSTICAS GENERALES

A) EL ESTADO SOCIALMENTE EFICIENTE

A1) LA VERSIÓN ABSOLUTA

Como ya se estableció anteriormente, el estado denominado como República Socialista Eficiente... se basará en un modelo que se resumirá en los siguientes puntos:

1.- Por criterios de adaptación al concepto de representación de la base (dentro de la cima), el estado tendrá forma de REPÚBLICA.

2.-Por eficiencia en la simplificación de la toma de decisiones públicas, se avanzará hacia el PRESIDENCIALISMO. Ello implicará una jefatura de estado y de gobierno conjunta; separación total del ejecutivo del resto de poderes y la elección del cargo por el voto mayoritario absoluto (mayoría simple si no hay consenso en la primera votación) de un cuerpo de compromisarios electorales. Dicho cuerpo será elegido por la Corte de Representantes públicos de entre sus miembros (los candidatos a Presidente serán ciudadanos ajenos a la Corte).

En caso extremo de no elección, el Consejo de Gobierno Judicial elegirá al ganador (por consenso de entre sus miembros). Dicho candidato investido no podrá durar más de la mitad exacta de un mandato completo, al término del cual volverán a celebrarse elecciones (el Presidente se mantendrá en funciones hasta la conclusión satisfactoria de las mismas).

3.- La CORTE DE REPRESENTANTES PÚBLICOS deberá ser sólo UNA (aunque pueda dividirse en pequeñas subcámaras [o también comisiones permanentes parlamentarias] para mejorar su funcionalidad interna).

De forma general, la Corte contará, al menos, con tres subcámaras básicas. La social, la territorial y la ciudadana. Cada una dispondrá de un tercio de los Representantes. La primera representará a cualquier organización social que sea avalada como válida por la administración (sindicatos, asociaciones profesionales...). La segunda, representará a las entidades territoriales (tanto básicas como las provincias o regiones físicas, como los estados o entes aglutinantes intermedios que las organicen). Ambas se elegirán a través de delegados-representante propuestos directamente por dichas organizaciones o territorios (la elección interna de los candidatos debe ser supervisada por la administración).

La subcámara ciudadana es la única que es elegida por el conjunto de la población. Se hará de la siguiente manera.

Los representantes lo serán a título personal; no habrá partidos políticos (o acuerdos, formaciones o grupos partidistas en general) dentro de la subcámara (las formaciones políticas pueden ser legales si lo requiere la sociedad fuera de dicha subcámara). Las candidaturas se harán siempre de la siguiente manera:

3A.- Tanto un grupo de candidatos independientes como un partido político (si es que existen) gestionarán la creación de una Asociación Electoral, de acuerdo con la norma vigente.

3B.- La Asociación será de carácter temporal (sólo válida para ésa elección) y sólo se empleará para definir y organizar a los candidatos, tanto en la lista como en las elecciones. Ni la Asociación ni las listas podrán incluir simbología ni nada que las identifique, más que el número otorgado por la autoridad electoral. Sin embargo, los candidatos sí podrán recibir apoyo indirecto (p.e. de partidos) en forma de ayudas económicas para debates...

3C.- Celebradas las elecciones, cada Asociación recibirá un

número de votos, con sus correspondientes escaños. Una vez formada la subcámara e iniciada la legislatura, las asociaciones desaparecerán en un tiempo máximo marcado por la ley.

3D.- Si no hubiera suficientes candidatos, o no fueran válidos por otra razón, se realizarán nuevas
elecciones. De no existir otra vez una subcámara completa formada, el parlamento se cerrará.

En ése caso, el presidente del estado nombrará una Comisión Legislativa especial de entre los candidatos que se presentaron (o los añadirá o escogerá del poder Ejecutivo, si de entre los anteriores no hay suficientes) para que representen al poder legislativo (el número de miembros será la décima parte de los de la Corte) en ése período especial (deberá haber una cuota proporcional de delegados-representante de las otras subcámaras). La Comisión asumirá las funciones del legislativo de forma limitada y el control al ejecutivo será mínimo. Dicha situación durará por la mitad de una legislatura completa, al cabo de la cual se celebrarán nuevas elecciones.
Las elecciones para cada subcámara serán independientes unas de otras, aunque la administración procurará coordinarlas en la medida de lo posible. Si se crearan más subcámaras (de otras temáticas), éstas se repartirían de forma proporcional el número de Representantes indirectos (la subcámara ciudadana siempre mantendrá una tercera parte de los miembros de la Corte) hasta el máximo posible por ley.
Si no fuera viable mantener el modelo de las subcámaras, la Corte será completamente ciudadana, con el mismo procedimiento de elección que para la subcámara respectiva.
En cuanto al número de representantes. Su número será la quinta parte de la población del país (en el momento de crearse la República). Si esto no fuera posible por razones prácticas, se usará el múltiplo de cinco más cercano a lo realizable en el denominador de la fracción utilizada. Si la población crece demasiado, se puede actualizar el número de dichos Representantes a la quinta parte del nuevo censo (o al múltiplo más cercano).

4.- El modelo territorial será, en todo momento, estrictamente UNITARIO.

5.- La ley suprema que rija el estado <<colectivista>> habilitará un mecanismo de reforma constitucional flexible para ir adaptando los cambios <<concretados>> del futuro <<estado-individuo>> dentro de dicho ordenamiento colectivo.

6.- La disposición de la economía, por artículo constitucional (mientras dure el estado <<generalizante>>), será dos terceras partes de propiedad pública (estado o colectivos sociales [cooperativas, sindicatos...]) del total productivo (de organización necesariamente autogestionaria). El resto podrá ser (o no) privada, a libre decisión del gobierno (que implementará obligatoriamente los mecanismos de control eficiente pertinentes para estresar dicho sector privado).

7.- El poder Judicial se organizará (según la ley suprema) tal y como se expuso en el punto 2 de la Introducción.

8.- El símbolo oficial será el de la bandera roja estatal, definida en la Introducción.

B) EL GOBIERNO SOCIALMENTE EFICIENTE

Ya habiendo recordado las características básicas de la forma de estado eficiente, que no siempre será necesario que exista, sí debemos sin embargo definir los procedimientos de actuación administrativa que deben caracterizar un gobierno socialmente adaptado a la base.

El gobierno eficiente debe aplicar su control de rendimiento tanto a la GESTIÓN de los recursos públicos; tanto a la ESTIMACIÓN de la demanda y oferta de prestaciones estatales y a la ESPECIALIZACIÓN de dicha eficiencia, por los diferentes sectores presentados.

B1) LA GESTIÓN PROPORCIONADA DE LOS RECURSOS SOCIALES

A tales habitantes, tales posibilidades. No sólo consiste en distribuir de forma equitativa los bienes de consumo (o no) de un país, sino saber producirlos para evitar potenciales períodos de escasez.

Un gobierno eficiente busca, ante todo, un modelo económico que también lo sea. Por ello, no debemos regirnos por nociones estáticas de sistemas predeterminados; más que eso, debemos encontrar en el flujo variable de decisiones sociales la mediatriz de todos los segmentos políticos que puedan intervenir, aportando dinámicamente la mayor eficiencia posible.

Esto sólo lo puede permitir un gobierno que se dote de suficientes herramientas de intervención administrativa, con una toma de decisiones rápida, eficaz, y que permita su materialización, en un período de tiempo relativamente corto.

Todos los gobiernos del mundo están interesados en la eficiencia. Modelos como la Presidencia norteamericana sirven de ejemplo, para éste tipo de flexibilidad decisoria. No es tan importante que el jefe del estado emita una orden ejecutiva, como que el equipo de asesores orientado a un programa económico, le aconseje antes de hacerlo qué acción producirá menos daños.

No sólo el prefecto y su gabinete importan ya. Ahora, equipos coordinados, o incluso departamentos de acción interna de las principales oficinas políticas, luchan por establecer los criterios de actuación generales, de sus propios jefes administrativos.

Personal político- burocrático, personal político anexo al primero… en cada ley generada, hay muchas cabezas que la modelan.

Por ello, debemos aclarar cómo debe actuar el primer mandatario de un estado, siguiendo las líneas del socialismo eficiente.

El ente administrativo debe ser, ante todo, útil en su naturaleza; eficiente en su aplicación; racionalizado en su multiplicidad; revisable en su error y potenciable en su capacidad.

Esto es. Si decidimos crear una unidad de área, orientada a la asesoría económica, debemos preguntarnos; 1)¿Puedo prescindir de ellos, o los necesito?; 2)¿Cómo definiré su apéndice de interacción (reuniones con el mandatario, agenda flexible...); 3) ¿Necesito sólo una, o varias unidades del mismo tipo?; 4) Si lo hacen mal, o no actúan con eficiencia, y yo no puedo ocuparme de ello, ¿quién lo hará?; 5) ¿Hay alguna forma de volver más eficaz su rendimiento interno, con el resto de recursos políticos sin alterar?

Por ente, comprendemos cualquier subdivisión administrativa que emane del poder central, sea ejecutivo, legislativo, o judicial. Resumiendo. Un estado se crea a través de sus funcionarios. Pero debemos saber cómo construir ése edificio, con el número de ladrillos necesario; con el cemento requerido; en el tiempo marcado...

No se pretenden detallar todas las características de un organismo público. Habrá tratados ya escritos, sobre gestión eficiente, especialmente los referidos a la Nueva Gestión Pública. Lo que se pretende decir aquí, es que la creación o eliminación de un nuevo departamento o ente, debe controlarse en todas sus variables; sea en su generación, implementación, aplicación, evaluación... de tal forma que lleve el menor costo posible, para la mayor producción, inmaterial o no, deseable.

En el socialismo eficiente, la decisión pública debe justificarse antes, durante, en su conclusión e incluso después de su formulación como posibilidad. Incluso, antes de dicha formulación, debe haber sugerencias también justificadas para llegar a ella.

Creada la maquinaria (sean funcionarios, personal laboral de empresas públicas...), también su funcionamiento debe controlarse. A éstos <<nodos>> o parámetros administrativos (de creación, supervisión, aplicación...) hay que prestarles tanta atención como al personal que los protagoniza.

Un ente administrativo, tangible o intangible (esto es, ejecute/produzca o planifique/proyecte), debe tener <<nodos de entrada>> (subentes que actúan en su origen, de una forma u otra); <<nodos de vida>> (subentes que lo mantengan existentemente eficiente) y <<nodos de salida>> (subentes que actúan en su conclusión como entidad, de una forma o de otra). Estos nodos, deben ejecutar todas las acciones descritas

anteriormente (utilidad natural; eficiencia de actuación;
multiplicidad justificada…)

Por ejemplo. Una agencia de rendimiento sanitario. A grandes
rasgos, se justifica con informes de organismos públicos
relacionados su mera existencia. Esto es, el trayecto abstracto se
inicia, formula y discute (entrada). Su existencia debe justificarse
(nodos de utilidad, eficiencia, racionalismo… en su propia
discusión como proyecto).

Después, éste trayecto entra en fase de <<vida>>, planificándose
los recursos reales del proyecto de agencia. Nuevamente, deben
crearse nodos que planteen si ésta fase es útil en sí misma; si está
siendo eficiente en su planteamiento; si se puede revisar en sus
errores potenciales (los nodos de entrada deben permitir, con
programación prevista en su fase, la aplicación real [ya en la
misma fase de vida] de los propios nodos de vida y éstos los de
salida a medida que avanza la idea abstracta). Idea y método de
idea, estudiados por igual.

Llegados a la fase de salida, con sus propios nodos, si todo sale
bien, estimamos realizable el proyecto y empezamos su creación.
Aquí, entramos en el trayecto tangible. Este se refiere a la
generación práctica del concepto administrativo antes formulado.
Nuevamente, tres fases (entrada, vida y cierre) con sus nodos.
Tras la última, el proyecto se crea.

Para resumir. Una actuación administrativa debe plantearse
primero en lo conceptual, y después en lo existente. Tanto la
<<idea>> como su <<método>> deben estudiarse y deben crearse
parámetros de <<gestión>> del proceso conjunto que dirijan su
origen, existencia y conclusión.

Y éstos procesos, deben ser simultáneos (o no). La relación
ordenadamente eficiente de actuaciones también debe plantearse
como una Gran Actuación, con sus propias fases y nodos
respectivos. No puede ser que los Presupuestos Generales de un
país estén desconectados, por limitaciones mentales humanas, de
la realidad temporal de los flujos económicos dependientes de
otro Ministerio.

Mecanismos de gestión, de procedimiento y sustancia son
importantes. En resumen:

1.- La gestión de los recursos reales debe ver, por igual, tanto su capacidad máxima como función pública como a su organización interna (esto es, cantidad y reparto reales de los recursos citados).
2.-La gestión de los mismos, tanto en producción como en coordinación, deben basarse en actuaciones administrativas justificadas en origen, existencia y finalización.

B2) LA ADAPTACIÓN FUNCIONAL DE LA CIMA POLÍTICA A LA BASE SOCIAL

¿Qué se entiende por adaptación funcional? En pocas palabras, que el reflejo en la cima del gobierno de la base social que compone un estado eficiente, sea completamente identificable con la misma. Esto es, que las decisiones de la dirección que represente a dicha sociedad sean plenamente proporcionales y coherentes con la demanda que la base haga a la misma.

En cierto sentido, se trata de establecer una relación <<de mercado>> entre ambas. Existiendo una <<oferta pública>> en relación a una <<demanda pública>> de bienes y servicios, se debe crear una relación de ofrecimiento/recepción de dichos intereses con las necesidades de dicha demanda.

Pero, ¿qué se demanda? En principio, todo aquello que el estado eficiente pueda producir para el ciudadano. Una forma sencilla de identificarlo, consiste en reconocer las funciones de los diversos departamentos gubernamentales con el fin de saber qué se está entregando a la ciudadanía.
La economía nos muestra, por ejemplo, las necesidades tangibles de la base ciudadana. Productos como vestidos, coches, propiedades inmobiliarias... crean cadenas de relación internas que llevan a diferenciar dicho campo en sectores (primario, industrial, de servicios...). Empresas productoras, transformadoras y vendedoras suplen los pasos inherentes que dichos procesos acumulan para su desarrollo.
Pero no sólo eso. Hay también productos de servicios, como los juicios, las clases, las estancias hospitalarias... referidos a la materialización del mismo servicio que también deben

considerarse. En éste punto, debemos ser claros.

Un estado eficiente entrega, realmente, algo a la base. Sea cuanto sea. Pero, ¿cómo sabe aquello que ésta realmente necesita? Normalmente, nos solemos basar en indicadores indirectos. Por ejemplo, podemos medir el PIB de un país para saber si se crean el número de bienes y servicios deseados dentro de ése país. Otros nos ayudan a conocer qué parte de dicha producción corresponde a cada ciudadano. O el Índice de Desarrollo Humano, que muestra la relación de bienestar del mismo en tres variables. Hay muchos más.

Indudablemente, existen muchos mecanismos de relación de variables abstractas que facilitan, en enorme medida, la tarea de prestación pública deseada.

Un paraíso no se puede medir por variables, porque se supone que todo está cubierto. No obstante, es un buen modelo ideal a seguir, al menos en lo conceptual. ¿Qué se pretende sugerir con esto? En el socialismo eficiente, la lógica social parte del individuo en sí. El es la fuente, los cimientos, de dicha construcción. Y aunque la realidad grupal no es necesariamente una suma de parámetros individuales, la consideración de los mismos debería primar sobre la valoración del conjunto social expuesto. No se infravalora con esto la labor de los matemáticos sociales. De hecho, éstas herramientas siguen (y serán) siendo enormemente útiles, a la hora de trazar las proyecciones de la <<oferta pública>> a la cual nos referimos. Pero el socialismo eficiente alude, ante todo, al caso particular por encima del general. La suma de particularidades del individuo hacen posible una aproximación pública mucho más eficiente que la ofrecida hasta ahora. Identificarlas, en lo probable, ayudará a incrementar dicha eficiencia, en un mayor grado. Para determinar éstas particularidades, debemos tener en cuenta que el sujeto vive en dínamo, esto es, en un flujo permanente de decisiones. No sólo se debe ofrecer lo realmente existente, sino lo potencialmente existente.

La base demanda a la cima que se adapte a ella. ¿Pero cómo? Una opción es establecer un modelo de ciudadano- tipo, basado en la información que ya se tiene de variables macro y microeconómicas (por ejemplo, número de casos judiciales pendientes de resolución) que permita construir una estimación de la futura demanda prestacional.

Por ejemplo. Según los datos previstos por diversos ministerios, el modelo Juan-1 dispone de una demanda X de bienes y servicios. En el primer caso, vemos que su potencial renta per cápita atribuida le hará ganar un salario mínimo determinado, tendrá una suma de prestaciones sociales determinada... También, según su edad estimada para el período, podrá optar a la jubilación... Eso llevará a un consumo esperado de tantos vehículos, pisos, bienes perecederos... Y en lo concerniente a servicios, observamos que Juan-1 vivirá tantas demandas por multas anuales; será absuelto tres veces; por tal razón de probabilidades sufrirá éstas enfermedades e irá al hospital en tantas ocasiones...

Las herramientas de estimación ya existentes nos pueden ayudar a construir éstos modelos tipo y establecer la potencial demanda esperada para que así el estado pueda ajustar su futura oferta prestacional.

Incluso las prestaciones en sí, cuantitativamente, deben observarse. Conocer futuras necesidades aún no existentes ayudarán a preparar una respuesta presente, para dicho problema futuro. Esto se resolvería si, desde el ministerio o el poder público, se hace un departamento o subdivisión que se encargue de estimar las las nuevas necesidades sugeridas y creadas por dicho departamento. Que podría implementar en la vida social con prestaciones innovadoras introducidas en la oferta general del estado, para el siguiente período esperado. Y ver cómo evoluciona la nueva demanda creada. Esto es, estimar y crear nueva demanda de adaptación, con dicha oferta nueva e inesperada.

Resumiendo. El gobierno eficiente deberá estimar, como política ejecutiva, las necesidades potenciales de los individuos como tales y de la sociedad en general; conocer la demanda de adaptación de dicha base social en el orden establecido para así elaborar una política de oferta prestacional que se ajuste a los requerimientos que dicha sociedad realice a su gobierno.

Sintetizando. Si la función de estimación de la demanda-creación

y ajuste de la oferta de necesidad base-cima la realiza el Poder
Ejecutivo a través de un departamento o ministerio, éste tendrá la
obligación de prever las acciones del resto de dichos ministerios
estimando sus necesidades administrativas (Justicia, Educación,
Economía...) y ofrecerles modelos (lo más personalizados
posible) de solución para sus problemas.

B3) LA ESPECIALIZACIÓN DEL PROGRAMA EFICIENTE POR SECTORES

Según el sentido de cada demanda social deberá haber una
respuesta por parte del estado que no sólo se adapte en intención,
sino en naturaleza funcional, a la misma sociedad.
Relativo a los contenidos del programa socialista eficiente, no se
explicará más de lo ya dicho. Se resumirán a continuación las
principales ideas asociadas a cada campo expuesto, junto con
algunas medidas concretas, que pueden ser de utilidad para la
aplicación del mismo contenido descrito.

DEPARTAMENTO DE INTERIOR-SEGURIDAD INTERNA

En relación a las Fuerzas de Seguridad estatales

*Clara separación funcional de procedimientos; creación de
cuerpos policiales específicos, en la medida de lo posible, para
cada naturaleza delictiva (unidad policial informática, de
estupefacientes…), y para cada respuesta procedimental (servicio
de investigación específico, de patrullaje, de detención…).
*Disponer especial atención en la seguridad personal del usuario,
en las Instituciones Públicas. Un servicio de prevención
especializado, debe emplearse para detectar los casos de abuso o
acoso gratuitos que puedan producirse dentro de cada grupo
microsocial esperado, de la cohabitación existente entre los
usuarios descritos (empleados de empresas; de hospitales;
alumnos de colegios o universidades; otros…). Podría ser una
Agencia de Prevención Interna, o algo similar.

En relación a las Fuerzas de Sanción Penales

*Aplicación del principio de particularización del efecto penal; cierre de todas las instituciones que no cumplan en la medida de lo máximo posible dicha idea y creación de una alternativa eficiente a la anterior de rápida implementación que sí lo haga. (En el contexto moderno, implicaría el cierre de las prisiones y organismos dependientes, y su sustitución por otros entes que apliquen un castigo privativo más personalizado [como pisos o residencias penitenciarias aisladas. No obstante, esto último debe consensuarse en las instancias de los poderes públicos])
*Simplificación de la organización sancionadora. Aunar en un mismo gran organismo todas las sanciones y recursos necesarios para aplicarlas, sea de carácter máximo o menor (por ejemplo, una agencia de Control Penal).

DEPARTAMENTO DE ECONOMÍA

*Economía mayoritariamente mixta, revisada por parámetros de eficiencia. Un sector público, de ser posible, mayoritario, en relación a otro privado, minoritario.
*Los parámetros deben provocar el <<estrés>> del sistema productivo. Sea por revisión, potenciación, o cualquier otra característica expresada, el régimen económico no debe tolerar la <<sedimentación>> de ninguno de los flujos económicos previstos (por ejemplo, acumulación excesiva de capitales en una misma persona, que no es usada para compras posteriores, o creación de empleos…)
*Como normal general, deberíamos considerar lo siguiente:
El socialismo eficiente buscará ante todo, la creación de un sector público fuerte que se combine con otro sector privado eficiente, fuertemente regulado.
Aproximadamente un sesenta por ciento de la producción nacional de todo el país debería estar bajo el control del estado.
Dicha economía pública debería estar gestionada por una Agencia Nacional Macroeconómica. Este organismo debería contar con funciones de coordinación sobre las empresas, para mejorar su actividad.
Además, tendría que servir para detectar ineficiencias, y controlar

directamente a aquellas entidades que muestren estados
financieros deficientes.

Se debería añadir la necesidad de una ley general de autogestión
obrera que sirva para organizar y dirigir dichos entes públicos,
ayudando a descentralizar su administración. Dicha ley recogerá
el derecho de los trabajadores de todas las empresas públicas a
crear su esquema de gestión interno y a ser responsables de su
producción ante la Agencia o el ministerio. La idea es que los
obreros creen la fórmula de organización empresarial; actúen
como ente propio ante el estado y dicha agencia; informen de los
resultados a la autoridad competente y, por último, sean
sancionados si no cumplen lo pactado (cuota mínima).
El sector privado debería ser supervisado, no sólo en términos de
legalidad constitutiva o funcional, pero también de eficiencia.
Debería emplearse para ello a la citada Agencia Macroeconómica,
o bien, usar el organismo ya existente, competente para estos
casos.
Se deberían inspeccionar los libros contables y documentos
relacionados de cualquier compañía, de forma aleatoria, por parte
de la propia Agencia u organismo encargado. Esta debería
informar al ministerio sobre los rendimientos descubiertos de los
entes afectados, y forzarle con ello a tomar decisiones de sanción
o, incluso, nacionalización de las mismas. La idea general
consiste en que el organismo realice inspecciones sorpresa de
carácter productivo, independientemente de que la empresa
cumpla la ley de competencias o de naturaleza.

La Agencia Nacional Macroeconómica se creará, principalmente,
como órgano directivo general de todos los entes públicos del
estado destinados a producir o regular la economía de la nación.
Primero, se constituiría como organismo; luego asumiría la
dirección suprema de todos los centros; después crearía
departamentos internos en los cuales serían absorbidas las
funciones de los mismos; por último, extinguiría los anteriores, de
ser necesario.

La Agencia debe mantener dos grandes campos de actuación. Lo público, donde supervisará la producción generada por la autogestión obrera; lo privado, donde regulará tanto de oficio como de sorpresa la actuación de las empresas privadas afectadas.

DEPARTAMENTO DE FOMENTO PÚBLICO

*La creación de entidades públicas (empresas, institutos…) deberá seguir los planteamientos expresados en el apartado anterior, del gobierno eficiente. Esto es, buscará crear <<nodos>> de creación y eficiencia funcional en los nuevos organismos.

*La ejecución de obras públicas y su supervisión, así como la prestación de servicios tangibles como postales, telefónicos, de investigación, etc., serán consideradas ramas específicas de dichas entidades públicas, y por tanto, estarán sujetas a lo dispuesto en el punto anterior. Por tanto, cualquier proyecto de fomento que se inicie debe justificarse de antemano y supervisarse continua y constantemente, bajo un criterio eficiente.

DEPARTAMENTOS PRESTACIONALES

*En JUSTICIA, crear órdenes jurisdiccionales (junto con todos sus organismos asociados) proporcionales a las necesidades reales y potenciales, de los usuarios. También, poner especial atención en las circunstancias propias del procesado, a la hora de instruir o juzgar un delito. Por último, organizar la administración judicial (incluyendo las subdivisiones) atendiendo a criterios de eficiencia (número mínimo de casos para mantener un partido, etc).

*En EDUCACIÓN, particularizar el servicio educativo todo lo posible. Por cada alumno, un colegio. Dicho de otra forma; suprimir en la medida de lo posible la prestación genérica (profesor- alumnos) y sustituirla por la prestación específica (profesores-alumno). El centro debería adaptarse, también, a ésta realidad. Por último, legalizar todo tipo de educación alternativa como válida (Montessori, en el hogar...), respetando siempre la libertad creativa de sus usuarios.

*En SANIDAD, particularizar la atención sanitaria al paciente, de igual forma que con la educación. Un hospital por paciente, o lo más aproximado a ello que se pueda. En criterios de organización del mapa sanitario, se deberá estudiar la demanda y uso de los centros de salud, hospitales... para crear las áreas de gestión correspondientes. Todas deberán estar justificadas en cuanto a su existencia por el volumen de usuarios correspondientes.

También se deberán tener en cuenta y aprobar para uso público aquellas terapias alternativas que hayan generado resultados factibles contrastables, desde un punto de vista (también) alternativo.

*En SERVICIOS SOCIALES, evaluación personalizada del afectado, y tratamiento de acogida adaptado, lo más posible, a sus circunstancias. La idea general es que el departamento se subordine a la realidad personal de los afectados, creando respuestas médicas, financieras (ayuda para alquileres; pisos especiales asignados para menores específicos...) y de reintegración, que deberían ser evaluadas por un instituto de Supervisión Social. Este basará sus actuaciones en el éxito que presenten casos previos a aquellos que se vayan a tratar.

*En CULTURA y DEPORTES, entre otros, volver eficiente su naturaleza. Esto es, fomentar la rivalidad de intelecto y físico, creando premios o competiciones proporcionales a las necesidades que éstos generan. En Cultura, por ejemplo, ayudas públicas a artistas concretos, y en Deportes, cuotas televisivas proporcionadas, así como campeonatos máximos para cada categoría deportiva, lo más adaptada a sus normas internas, posible.

DEPARTAMENTOS DE AUXILIO TÉCNICO

Básicamente, se trata de introducir en sus entes estatales responsables respectivos todas las medidas generales que se deben aplicar a la hora de crear una nueva entidad pública. Por ejemplo, en el caso de Turismo, para su labor de Potenciación se puede desarrollar un Instituto responsable de encuestas sobre previsiones de llegadas para determinados días u horas. En Seguridad Social, controlar el fraude, e incluso, premiar a los mejores cotizantes según su evolución.

En la Función Pública, optar por métodos de organización del funcionariado que incidan en la simplificación de recursos (pocas oficinas) y admisión eficiente (reducir cargos directivos; duros criterios de oposición...).

En Medio Ambiente, estudiar realmente las energías sustituibles e introducir los cambios necesarios para hacerlas posibles, poco a poco.

En Ciencia, reducir el número de centro de investigación al mínimo funcional necesario y crear incentivos como premios a las conclusiones de períodos de indagación exitosos...

*AGRICULTURA Y PESCA (Conocer la realidad agroganadera y crear ayudas predeterminadas; evaluación de dichas ayudas; segmentar zonas de pesca productivas de las que no y conceder más ayudas a las más escasas...)
*SEGURIDAD SOCIAL (Bonificación a los cotizantes óptimos; reajuste de la declaración de bienes según necesidad [estaría bien que se fijara en el ingreso dinámico más que en la actividad], dando moratorias especiales para casos difíciles...)
*ENERGÍA (Evaluación del consumo total en el estado; distribución de la oferta de ése consumo por sectores eficientes [más energía hidráulica que nuclear, por ejemplo, para cubrir la oferta que se dará] y evaluación de la misma entrega energética [las instalaciones que lleven la energía desde el centro de producción hasta el hogar] bajo criterios de control y supervisión funcional eficiente...)
*HACIENDA (modelos altamente progresivos; impuestos determinados por las necesidades previamente comunicadas de otros ministerios...) La fiscalidad debe progresar hacia un modelo cada vez más personalizado en el ciudadano, así como el presupuesto público, estimado en base a la demanda cada vez más adaptada a los contribuyentes.
*FUNCIÓN PÚBLICA (Mínimo funcional de cargos intermedios, entre lo local y el gobierno; fórmulas de gestión autonóma para tareas en cada nivel y rapidez en la transmisión de una orden...).
Las agencias, sean de la naturaleza que sean, serán también constantemente evaluadas para saber si cumplen los criterios de eficiencia exigidos.
*EMPLEO (Fomento eficiente y controlado del empleo público;

sanciones a empresas que promuevan empleados ineficientes...)
Debería encargarse del estudio del propio empleo como ente...
Definiendo su calidad, características, existencia geográfica y
respuestas proporcionadas a ejecutar para los organismos
responsables del mismo.
*TURISMO (Segmentación de áreas de mayor y menor impacto;
ayuda pública a las últimas y control o prohibición a las primeras
si existe correspondiente fiscalización [que la presencia no se
traduzca en gasto]...)
*COMPETITIVIDAD (Ministerio que conceda ayudas a las
iniciativas empresariales exitosas; que denuncie situaciones de
ineficiencia en otros departamentos...)
*CIENCIA (Mínimo número de organismos sometidos a
mecanismos de evaluación eficiente; control también eficiente de
las ayudas destinadas a Investigación+Desarrollo; iniciativas
eficientes en posibles operaciones en el espacio y todos los entes
asociados con ello...)
*MEDIO AMBIENTE (Control eficiente [supervisado] de
Recursos Hídricos, Costeros... También de Parques naturales [se
crearán en función del número de especies a proteger]; evaluación
[también eficiente] de la fauna y flora; introducción o eliminación
de las mismas según el contexto natural del espacio...)

DEPARTAMENTO DE RELACIONES EXTERIORES Y
DEFENSA

Esta función depende más de un estado, que de un gobierno
eficiente. La simplificación de mandos, la autoorganización de
sus promociones y funcionamiento interno… pueden ser ejemplos
de socialismo eficiente.
En el otro caso, medidas como la estimación diplomática; donde
no sólo se tenga en cuenta la política realmente existente sino la
posiblemente existente... O incluso, probable. O la reducción del
personal diplomático, pueden servir como idea para mejorar la
organización interna de los cuerpos asociados.

DEPARTAMENTO DE ESTIMACIONES

Debería encargarse de la función descrita en el apartado anterior de éste programa.

PARTE SEGUNDA.- LA PRESTACIÓN EFICIENTE
1.-DEFINIR AL SUJETO QUE DEMANDA

¿Qué entendemos por servicio eficiente? Básicamente, la prestación que la cima político- sociológica concede a la base adaptada a sus circunstancias. Pero ésto necesita detallarse con más profundidad, especialmente en lo relativo a la particularidad del sujeto a tener en cuestión.
En primer lugar, debemos tener presente la realidad compleja del sujeto. Este es un punto caracterizado por <<espines>> propios; da a entender, pues, que primero debemos conocer sus propiedades inherentes antes de ejecutar cualquier prestación posible hacia el mismo. Por ejemplo, hablando de seres humanos, tenemos espines (admitiendo ésta palabra como una metáfora de las partículas adaptados a los cuerpos enteros) propios comunes (comer, beber, dormir...); otros propios no comunes (Leer, escuchar música...) y otros propios específicos (nos gusta leer con la luz en la madrugada, tomando un café...)
Cuanto más especifíquemos nuestro espín, más particulares nos volveremos. Todos comemos, pero no todos aceptamos el mismo alimento. ¿Qué hace, entonces, al ente en sí mismo? Básicamente, su demanda natural.
Por demanda natural, se entiende todas aquellas dependencias que el sujeto construye con respecto al objeto, entendiendo ésto por todo cuanto le rodea y no le integra. Hablando de humanos tendremos presentes las necesidades anteriores; un androide necesitaría consumo de electricidad para manifestar sentimientos. Esto es, según el sujeto, entenderemos el objeto que el mismo desea adaptar para sí.

En poco espacio. Si creamos una cascada de categorías descendentes (sea la mostrada u otra diferente) en las cuales podamos identificar una demanda de servicio a prestar, adecuando su respuesta según la naturaleza de la particularidad mostrada, actuaremos de una forma mucho más eficiente que si damos respuestas comunes a necesidades propias. En definitiva. El sujeto debe definirse en su demanda interna y externa a través de un proceso de categorización derivado del mismo que vaya de lo más genérico a lo específico, siempre en consonancia con su propia naturaleza lógica como ente.

2.- LA RESPUESTA DE LA CIMA

La cima (por ejemplo, el estado) debe conocer al número total de sujetos que representa, tanto dentro como fuera de la misma. Esto es, tanto clase dirigente como dirigida, deben verse representados en éste proceso.

Los pasos a seguir, serían los siguientes:

A) CREACIÓN DE LOS MODELOS DEMANDA Y RESPUESTA

En lugar de esperar a que el servicio se preste a demanda (la gente pide y se le concede), el estado debe asegurar un total de respuestas especificadas según la suma potencial de realidades particulares a satisfacer. Es decir. En base a un modelo de suma de demandas-sujeto totales, se debe calcular qué servicio irá asociado a cada demanda previsiblemente establecida. Construido el modelo de demanda, se asociará y producirá un modelo de respuesta levemente exagerado con el fin de ofrecer soluciones alternativas a problemas específicos.

B) EJECUCIÓN DE LA RESPUESTA A LA DEMANDA

Habiendo producido el total de respuestas exageradas, en base a las potenciales demandas, debemos contestar a las mismas.

Pero éstas, lógicamente, guardarán un orden imprevisible. Para evitarlo, debemos estudiar las necesidades anteriormente cubiertas del sujeto y deducir qué podrá ser lo próximo... Por descarte y probabilidad estadística.

Si en una tienda de discos sabemos que ha habido un total de 45 clientes en el día anterior, deberemos asignar 49 discos para cubrir el día siguiente. Pero claro, eso no implica que cubra todas las variables. Cuando vendrá el siguiente cliente, a qué hora aproximada estudiará la elección de un disco o no...

La demanda de particularización se construye con ésta. Si conocemos el hábito del particular (trabaja de 6 a 8, y a las 9 va de ocio), entenderemos su deseo.
Esto es, si tenemos el disco en la tienda a las 9, sabremos que hay muchas posibilidades de que nuestro cliente llegue y lo compre o no. No pondremos el producto a las seis.

Esto es. La respuesta debe estar proporcionadamente organizada con respecto a la particularidad de la demanda razonada, según el hábito o repetición de la misma en un contexto circunstancial definido (p.e., un día).

C) EVALUACIÓN DE CONTROL Y CORRECCIÓN DE FALLOS

El turno de prestación debe empezar por la demanda de mayor urgencia y terminar por la menor, en el mismo sujeto. Respecto al sujeto, aquel que acumule mayor número de demandas urgentes será atendido en primer lugar; luego el resto según número (mayor a menor). Tras una secuencia asistencial a todos los sujetos, se evaluarán deficiencias de procedimiento y se realizará otra secuencia de reparación que, con el excedente de respuestas, procure eliminar todas las necesidades no cubiertas durante la primera.

Es importante entender que el sistema asiste; no buscamos su asistencia. Si el disco que el cliente quería no se encontró, debe reponerse inmediatamente para el siguiente día. Pero no poner cinco más. Respuesta a demanda, según eficiencia.
La base no debe pedir nunca. La cima debe identificar ése pedido con antelación y dar contestación. Si no ha sido cubierto como

debiera, debe corregirlo cuanto antes, con una nueva
identificación más definida. En definitiva, una cima pro-activa,
con una base perezosa (lo más que se pueda).

D) NUEVA PROGRAMACIÓN DE DEMANDA-RESPUESTA

Agotado el consumo deseado, se debe regresar al Punto A y
establecer la futura respuesta para las próximas necesidades
presentadas. En el último tramo de consumo de la última
secuencia de corrección, la cima ya debe preparar la demanda-
respuesta total del próximo ciclo.

LA CONCRECIÓN DEL ESTADO

En éste documento he hablado, en numerosas ocasiones, de particularizar el derecho común o las normas que rigen la vida social en el estado. No obstante, no he explicado cuál sería exactamente ése camino. Está claro que adaptar una norma a un sujeto concreto no resulta una tarea sencilla, más cuando el propio individuo puede tener millones de <<variables>> vitales al momento de tenerlo en cuenta.

No obstante, creo que sí se podría fundar un estado coordinador de miles de <<estados personales>> de una forma relativamente sencilla.

Pero no sólo eso. Para ajustar los modelos de demanda/oferta de necesidades ejecutivas, legislativas y judiciales planteados debemos tener en consideración otro factor; el de la propia particularización. Para lograrlo, cada área debe ser responsable de tener en cuenta a qué sujetos estudia; qué funciones realiza en el sistema estatal; cuáles son sus necesidades y ofrecer una respuesta a ello. Pero no todo es siempre tan sencillo, más cuando la realidad de los poderes públicos es tan variada.

El camino de la particularización del derecho común se basaría en que los tres poderes principales del estado fueran aceptando las directrices que el cuarto les marcara. Este tendría que buscar crear los modelos totales citados y las demandas que los mismos exigirían. Si usáramos a Juan-1, veríamos que tiene necesidades económicas (departamento ejecutivo de economía y la cámara legislativa, estudiando las leyes sobre el consumidor), judiciales (tiene cuatro juicios por faltas leves potenciales)...

Prever la acción de un individuo, lleva a saber cómo actuará dentro del sistema estatal y cuántas
<<fricciones>> causará.

Se está de acuerdo en que éste tipo de situaciones son muy difíciles de saber de antemano. Pero, con anticipación (errónea o no), podemos hacernos una idea de qué necesita el sujeto base y qué no. El camino a la particularización, por tanto, sería uno progresivo.

ANEXO

NOTA DEL AUTOR.- SOBRE LAS CONSIDERACIONES EFICIENTES DE LA MORALIDAD

Explicado ya el programa en términos generales, he creído necesario referirme en el presente Manifiesto dos artículos que escribí en relación a cuestiones económicas y políticas. Dado que guardan relación con el pensamiento eficiente, he pensado que dicha referencia resulta necesaria para así poder comprender (con más claridad) los efectos de ésta ideología.

Como el lector puede comprobar en el apartado economía del anterior punto, el socialismo eficiente defiende una economía controlada por el estado que cuente con un cierto porcentaje privado <<estresado>>. ¿Qué significa esto? Pues que el socialismo eficiente no se opone a la idea de ser rico, siempre y cuando la actividad del conjunto socio- económico así lo permita.

Esto es, si la relación de producción-reparto permite éste tipo de acumulación excesiva, no resulta malo fomentar la cultura de la riqueza exagerada. Esto es, si existen ricos en el estado eficiente, deben saber mover sus bienes muebles e inmuebles con el objetivo de generar trabajo y altos salarios para otros que no tengan tantas oportunidades.

El <<estresamiento>> se refiere a eso. No permitir que el sector privado caiga en un estado de no inversión y flujo constante. Tanto el público como el privado deben funcionar con la máxima eficiencia posible. El público asumirá el desgaste social del privado y éste estimulará macro- proyectos de gran cuantía, así como animará a la gente a moverse para adquirir más y contribuir mejor a la sociedad.

Este socialismo no es científico, luego no tiene ataduras de éste tipo. Se quiere y desea que la economía se maximice todo lo posible, con mayor porcentaje de participación del estado, para así asegurar que la situación macroeconómica no se descontrole de lo previsto.

En un artículo se explica cómo ser rico en una referencia clara al emprendimiento. En el estado eficiente, dentro del sector privado admitido, una persona debe aprender a manejar sus recursos inmediatos con el objetivo de que estos se conviertan en algo mayor y mucho más importante.

El segundo se refiere a la unidad territorial. Ya se ha hablado de la necesidad de ahorrar recursos en burocracia y un modelo unitario que ayude a ello. No obstante, el criterio de eficiencia histórica también debe tenerse en cuenta ya que debemos ser justos con los objetivos que buscamos. Ahorro, pero no injusticia.

Tan sólo deseaba aclarar éste anexo por los motivos que acabo de detallar. Para un socialista puede resultar complicado de entender el artículo de cómo ser rico. Pero no olvidemos que la economía pública debe poder soportar, en todo momento, las deficiencias que un sistema privado causa. La meta auténtica es la máxima dinamización de la misma. La economía eficiente funciona de forma dinámica, adaptándose al contexto que se presenta y siempre buscando la mayor estabilidad presupuestaria.

Se trata de que hagamos aquello que queramos, sin perjudicar a los demás. No de ser austeros sin razón. Eso lleva a explicar qué tipo de moralidad debemos de asumir, con respecto a los demás.

La cuestión de dicha moralidad o ética dentro del sistema eficiente debe buscar respetar, ante todo, tal principio básico. Se ha hablado en muchas ocasiones de la eficiencia de cantidad, de uso...

Son términos con los cuales se pretende identificar aquellos parámetros que sirven para <<limar>> los excesos administrativos que la cima, en muchas ocasiones, genera en su respuesta a la base.

Sobre esto, cabe decir que la eficiencia moral obliga a considerar la idea de una convivencia basada en el respeto de los espacios personales, armonizados dentro del todo común.

No hacerlo, legitimaría el uso de la corrección (incluso por la fuerza) de dichas distorsiones. Lo cual nos lleva a pensar que la eficiencia moral es, ante todo, el respeto a la propia eficiencia existencial.

El espacio que una vida ocupe, en términos de igualdad con otra, no debe superar nunca el de los otros por más que lo desee. Si aún así lo efectúa, autoriza <<moralmente>> al resto de miembros sociales a ejecutar la corrección pertinente a su desvío por todos los medios que se crean necesarios.

Ello obligaría, primero, a devolverle a su espacio delimitado en consonancia con el de otros; por el otro, a que éste invasor repare todo el daño causado por su acción. Básicamente, respetar el equilibrio y ser con ello aceptado. Esa sería una posible moral eficiente.

Espero que con esto quede clara la intención del socialismo eficiente. No prohibir, sino abrir, en pos de dicha eficiencia. Hallar el mejor camino, el más óptimo... El que nos haga verdaderamente felices.

La mejor eficiencia que podemos lograr es nuestra propia felicidad.

NOTAS SOBRE EL SOCIALISMO EFICIENTE

JOSÉ CASERO SÁNCHEZ

NOTA INTRODUCTORIA

(...)

El... punto incluye el concepto de la eficiencia fisiológica y la necesidad de ordenar el espacio humano conforme a este concepto, sin dejar de aplicar las medidas propias del sistema eficiente.

El..., por último, incluye los estatutos básicos de todo aquel partido político eficiente que decida constituirse para dar realidad al mundo organizado en los tres grandes sistemas fisiológicos. Se incluyen los preceptos básicos que dan desarrollo a su actividad política, tanto en su fase pre-federativa como en la misma y posterior.

Con esto, se da por cerrada esta nota con el objetivo cumplido de haber explicado los deseos de cambio que la sociedad humana necesita experimentar, tanto en el corto como en el largo plazo. Que la Humanidad y sus descendientes vivan por siempre...

LA ASIMETRÍA MUNDIAL DE CARÁCTER EFICIENTE

1.- INTRODUCCIÓN

Ha llegado el momento de que el mundo cambie. Es necesaria una reorganización de la vida social y política del planeta que, aunque no pueda admitir un único sistema para todo el orbe debido a circunstancias imprevistas, sí le de estabilidad a nuestra sociedad como sistema de base social organizado. El mundo debe cambiar.

Debemos ser conscientes de la realidad del mito que se aproxima. Los humanos debemos reorganizarnos para así poder cubrir nuestras expectativas de éxito, de un cambio que nos convierta en seres superiores sobre el medio que nos atenaza como esclavos de un mecanismo del cual nunca hemos sido, ni seremos parte.

El mundo, la sociedad humana, debe reorganizarse. La idea de un estado mundial debe desecharse de inmediato debido a la compleja realidad que el ser humano mantiene sobre sí mismo. La idea de que el espacio total de nuestra existencia lo dirija un único mecanismo burocrático que cubra la superficie absoluta del globo no puede admitirse, al menos no por ahora.

El ser humano debe, y tendrá, que reorganizarse. Pero el concepto de su dirección como raza común debe basarse en un mínimo principio de la eficiencia sociológica controlada. No podemos abonarnos a la idea de ser dirigidos, gobernados, por un único estado que, de descontrolarse, pueda llegar a causar el peor caos social (ya se observan en algunos nacionalismos mundiales periféricos) estructurado que debamos conocer.

La eficiencia sociológica asimétrica, o lo que es lo mismo, la organización total del espacio social en modelos diferenciados de construcciones colectivas que se controlen y evalúen en la distancia unas de otras (para así lograr una colaboración racial humana también eficiente en cuanto a gestión de recursos) debe ser el principio general que rija nuestro sistema político colectivo, en pos de un progreso asegurado que vaya en busca del bienestar humano.

Por ello, el objetivo macrosocial de éste programa político se basará en dos conceptos superiores, a tener en cuenta.

A) El socialismo eficiente deberá regir nuestras vidas como único mecanismo de articulación política.

B) El programa anterior se aplicará por defecto en todas las vertientes del orden social, que NO queden afectadas por la organización fisiológica del espacio humano.

El objeto de nuestra existencia será constituir estados políticos macro, diferenciados y asimétricos que se controlen los unos a los otros, bajo el principio ideológico general del socialismo eficiente (en exclusiva. No habrá otra ideología admitida) que rija los principales destinos de nuestra existencia.

2.- LA GRAN RESPUESTA SOCIAL. LA EFICIENCIA FISIOLÓGICA

Solo existe una raza, y es la humana. Todos los seres humanos somos parte de un mismo proyecto y debemos entender nuestra convivencia como base de ese principio. Sin embargo, los seres humanos nos diferenciamos en grupos fisiológicos que, aunque científicamente carecen de diferencias apreciadas en lo profundo, si lo poseen en la superficie.

Los grandes grupos fisiológicos son tres. Los caucásicos, los africanos y los asiáticos. En los dos últimos grupos, los parecidos físicos son razonables. No es así en el primero.

Los caucásicos son el grupo heredero de los antiguos gigantes que poblaron las estepas terrestres. Los grandes Hombres del pasado que la religión identifica con términos específicos (sin hablar mucho sobre ellos) son los ancestros poderosos del grupo caucásico. Este grupo es el heredero de la verdadera "raza superior" de los hombres. De aquellos que tomaron la naturaleza de los grandes rebeldes celestiales que se mezclaron con las mujeres que dieron lugar a nuestro primer paso en la Gran Evolución del Ser Humano.

No podemos obviar esta realidad. Los africanos y asiáticos permanecieron ajenos a éste hecho en sus respectivas regiones. Evidentemente, ello no significa que sean menos hombres que los caucásicos. Simplemente, los últimos conocieron el liderazgo y la evolución de los seres oscuros que siempre han asistido al Hombre en su guía para nuestra especie.

Por ello, el concepto de eficiencia fisiológica obliga a tener en cuenta la posición de autoridad de los hombres caucásicos como grandes líderes de la especie humana. Pero eso no significa exclusividad; un hombre africano puede casarse con una mujer caucásica perfectamente y dar así posición de autoridad para sus hijos. Tenemos un grupo líder y otros dos estándar. Nuestros ancestros gigantes quisieron así lo mejor para nosotros, y como tal, debemos aprender de la inmensa fuerza que llegaron a tener, y de su gobierno pasado.

Esto no es racismo, porque sólo existe la raza humana. Pero el parecido fisiológico revela de cada persona cuánta proximidad ancestral tuvo con éstos ancestros poderosos que nos precedieron. Ellos quisieron cuidar a estas generaciones futuras dando su fuerza, autoridad y carisma. No podemos ofender su memoria.

Por ello, el planeta deberá organizarse en tres grandes estados fisiológicos. El caucásico, que abarcará desde Occidente, Europa y la región del Magreb hasta las fronteras de la gran India; el africano, que se articulará en torno a todas las naciones africanas al sur de la línea desértica; el asiático, que se compondrá de las naciones orientales que compartan sus facciones rasgadas por entre su población.

La sociedad humana, será legalmente igualitaria. Pero existirá la discriminación positiva a favor de aquellos hombres cuyas

facciones naturales más se parezcan a la de nuestros ancestros
gigantes.

El estado africano y el asiático serán plenamente igualitarios. Pero
el caucásico introducirá, como se ha dicho, una serie de medidas
de discriminación positiva a favor de los subgrupos que más se
aproximen físicamente al parecido de aquellos gigantes
poderosos, rubios y de aspecto lo más claro posible. Les
honraremos haciendo esto.

Como se ha dicho, la sociedad humana se organizará pues en tres
grandes estados eficientes que representen a los grupos citados.
Una República Socialista Eficiente Caucásica, otra Africana y otra
Asiática.

Los tres estados cumplirán los parámetros del sistema eficiente.
Mínima burocracia, república presidencialista, sistema provincial
de gobernadores reforzado y una economía mixta que permita la
inversión privada pero disponga de un sector público
mínimamente reforzado que haga frente a posibles crisis.

La bandera será la propia del estado eficiente, con el siguiente
añadido. En lugar de un símbolo nacional, se dispondrá el dibujo
de un hombre blanco, negro o amarillo que refleje el grupo
fisiológico al que pertenece el estado en cuestión. La definición
de dicho hombre puede ser artística o básica (sólo sirve de
orientación).

En la república eficiente caucásica (exclusivamente), se darán
privilegios sociales a aquellos subgrupos que más se parezcan a
los antiguos dioses humanos gigantes. A saber.

Grupo 1

En este grupo están todos los hombres que dispongan de
facciones totalmente claras. Pelo rubio, ojos azules y piel muy
blanca. El estado caucásico los mantendrá sin que tengan que

trabajar en ningún momento. Sólo vivirán para el ocio.

Grupo 2

Hombres de, al menos, una facción muy clara. O piel muy blanca, o pelo rubio u ojos claros. No se hará distinción de su origen geográfico. Un árabe (por ejemplo) que cumpla estos requisitos entrará igual que un francés. Su color natural, aunque haya tonalidades variadas, tiene que estar adscrito a esto.

Esta gente trabajará y contribuirá, pero recibirá ayudas y subvenciones millonarias. Serán obligatoriamente ricos.

Grupo 3

Hombres que carecen de facciones muy claras. Piel morena, pelo negro, ojos marrones... Suelen ser definidos así. Estas personas serán comunes y trabajarán y cobrarán como ciudadanos normales.

El estado caucásico mantendrá en colonias especiales al grupo 1. Al grupo 2, sencillamente, les dará ayudas millonarias pero no los mantendrá. El grupo 3 trabajará sin privilegios (aunque pueden ser millonarios por sus propios medios.

Evidentemente, al ser una misma raza, cualquier ser humano puede casarse con otro cualesquiera. Africano con caucásico 3, asiático con caucásico 2, caucásicos 1 entre ellos...

Sus hijos disfrutarán de privilegios cuanto más se aproximen al físico de los antiguos gigantes (rubios, hercúleos y claros). No estará prohibido nada, sino que simplemente se recibirán esos privilegios de discriminación positiva si se cumplen los requisitos.

Estos privilegios socio-económicos NO afectan a la elección de los cargos públicos. Sean diputados de cámaras provinciales o gobernadores, o el mismo presidente caucásico, los cargos públicos siempre serán por elección popular.

No estará prohibido que un africano se presente a un cargo público asiático o caucásico. La administración pública de los tres estados será igualitaria en todos los sentidos, de aspecto universal. Todos estarán en todas partes, eso sí, respetando las normas locales que se hayan aprobado de forma democrática, en todo momento.

Por último, la formación de estos tres estados se hará de la siguiente forma. Se crearán partidos políticos rama en cada país asociado a cada estado fisiológico. Los partidos caucásicos formarán primero la Federación Caucásica que, progresivamente, unifique las administraciones de los antiguos países (Francia, Alemania, Estados Unidos, Brasil, España...) hacia un modelo puramente eficiente. Cuando sea el momento, la Federación Caucásica de carácter liberal y parlamentario se convertirá en la República Socialista Eficiente Caucásica, de carácter ya eficiente. Se comenzará entonces a implementar el modelo de privilegios, poco a poco.

Formado el estado eficiente caucásico, se ayudará a crear el africano dando estabilidad a la región subsahariana. Hecho esto, ambas administraciones ayudarán a Oriente a unificarse para así formar el estado eficiente asiático.

Los partidos políticos que se constituyan en su fase inicial en cada país, harán política en el mismo como si fueran un partido político eficiente de corte nacional. Cumplirán su programa de gobierno alcanzando mayorías parlamentarias y reformarán el estado no eficiente a uno que sí lo sea (dicho estado tendrá sus símbolos nacionales en la bandera roja oficial) sólo cuando dispongan de la mayoría necesaria para cambiar la ley suprema.

Creados estados eficientes en todas las regiones asociadas al supraestado fisiológico correspondiente, formarán entonces una

Federación liberal (sólo a nivel federal) que coordine su actividad hasta que ésta misma Federación se unifique administrativamente, y, entonces, disuelva los antiguos estados (la España o Alemania eficientes...) y los transforme en nuevas provincias. Una vez quede unificada la burocracia interna, se reformará la ley suprema de la Federación y se creará el estado eficiente fisiológico correspondiente.

Esto es, se forma el partido eficiente en cada país. Hace política y alcanza la mayoría. Aplica un programa eficiente de gobierno. Si dura mucho en el poder, el partido cambia la constitución nacional y crea un estado eficiente. Una vez hecho, espera a que existan otros estados también eficientes y entonces forman la Federación liberal y parlamentaria (a nivel federal) Caucásica, creando una ley suprema para todos. Unificada la Federación en todo el territorio fisiológico caucásico, ésta procede entonces a reformar su constitución interna y crea el estado eficiente caucásico. Hecho esto, ayuda directamente a la región africana a generar el suyo (por cualquier medio requerido) y, hecho también esto, fuerzan a Oriente a unificarse bajo criterios eficientes.

Cabe añadir que la bandera de todos los partidos eficientes, sin distinción, será la roja con la cruz negra abierta. Sólo los estados nacionales o el fisiológico tendrá la estatal, con su definición aplicada.

El punto caucásico se moverá entre una capital sudamericana, otra norteamericana, otra europea y otra del Magreb. Los servicios federales y luego nacionales eficientes se repartirán entre cada ciudad que haga de capital, para mantener la asimetría.

Los privilegios fisiológicos sólo empezarán a repartirse cuando se funde el estado eficiente caucásico, y nunca antes.

El estado africano y asiático determinarán su capital en función de su realidad interna.

Pese a que el objetivo original del socialismo eficiente es la extinción del estado a través de la concreción jurídica, debido a la necesidad de avanzar por el orden celeste de los humanos ésta visión deberá posponerse hasta el día que la civilización humana (o post-humana) encuentre los secretos universales y pueda vivir en paz y armonía. Sólo entonces, se disolverán todos los estados eficientes que existan y se convivirá en la paz eficiente con el objetivo del socialismo original cumplido. Sin estados ni fronteras.

Por último, aunque los humanos puedan circular libremente entre estos tres estados como si de una unión supranacional se tratara (y mezclarse entre ellos), dichos estados mantendrán en todo momento su independencia administrativa y política, unos de otros. Procurarán colaborar entre ellos de forma internacionalista con cierta desconfianza, pero sin romper la unión humana. Así se mantendrá la asimetría sociológica.

3.- FINAL

Los humanos residentes en los tres estados deberán colaborar para crear ciencia e innovación que los lleven al espacio exterior. En este espacio (interplanetario, interestelar, intergaláctico...) se organizarán como deseen, siempre procurando mantener la asimetría sociológica en todo momento, incluso aunque dejen de ser humanos formales. Sus nuevas características raciales planetarias (el cuerpo adaptado al planeta) deberán respetar nuevos modelos de asimetría sociológica parecido al que se aplican ahora con los grupos fisiológicos.

El objetivo final será mantener el orden social (incluso en forma de federaciones políticas estelares o estados interplanetarios o interestelares eficientes) de cara a descubrir los grandes secretos de este, nuestro Universo.

ESTATUTOS GENERALES DE LOS PARTIDOS NACIONALES

PRECEPTO 1.- IDEAS GENERALES

ARTÍCULO 1.- NOMBRE

El partido se denominará CAMBIO CÍVICO
SOCIALEFICIENTE ESPAÑOL (CCSE), pudiéndose usar
tanto el nombre completo como las siglas (a efectos de
representación).

ARTÍCULO 2.- META GENERAL

El objetivo general del partido será la formación de un
gobierno socialista eficiente en España, con el mayor grado de
aceptación posible.

En términos generales, el CCSE respetará la forma de estado
elegida por el pueblo español (sea cual sea). No obstante, el
partido se fijará en su meta suprema como su mayor
aspiración política como movimiento (definida en los textos
correspondientes).

Por otra parte, el CCSE luchará por la integración en su
formación de toda la población popular española, sin
discriminarla jamás por sus orígenes sociales o legales. El
partido busca representar (en principio), a éste colectivo de
clase baja por encima de cualquier otro posible objetivo.

La defensa de la participación de toda la sociedad (incluyendo
aquellos que hayan sido privados de libertad) deberá ser total.
El CCSE se opondrá a cualquier ley discriminatoria que
impida la participación en cargos públicos de los sectores
sociales amenazados (incluso defendiendo la elección
indirecta de los puestos estatales por compromisario, si fuera

necesario).

El CCSE se apoyará en el principio de la moralidad eficiente
(que busca representar la conducta de la mayoría en cualquier
caso presentado) para cuestiones sociales (aborto,
matrimonios no heterosexuales...). En caso necesario, se
dispondrá y se someterá a votación (empleando la Consulta
Popular Vinculante descrita en el artículo 8) cualquier medida
que sea requerida para su evaluación por la militancia.

ARTÍCULO 3.- PRINCIPIOS GENERALES

El CCSE basa sus principios generales en el socialismo,
concretamente en su variante no científica denominada
socialismo eficiente. Las bases ideológicas de éste
movimiento son:

1) El socialismo, entendiéndose como tal el pensamiento
común de corte social que propugna la defensa de los derechos
de la sociedad popular frente a regímenes de explotación,
privilegio y falso dominio moral dirigidos por élites mal
definidas como inevitables.

2) La eficiencia, comprendiéndose como el mecanismo
socialista de adaptación al individuo, con el claro fin de recrear
un estado dentro de la misma, propia persona. Por eficiencia se
entiende la comprensión de los parámetros personales y
sociales del sujeto y el pueblo, respectivamente, y la
adaptación de dicho entorno sobre el sujeto y el pueblo, de
nuevo, respectivamente y en ese orden.

ARTÍCULO 4.- BANDERA Y SÍMBOLO DEL PARTIDO

La bandera del CCSE será una roja con las siglas de la
formación en su centro (de color negro).

El símbolo del partido (por su parte), serán las propias siglas
negras situadas entre dos secuencias de círculos (y paralelos)
rojos, que empiecen y terminen donde lo hagan las letras.

ARTÍCULO 5.- DOMICILIO LEGAL

El domicilio legal (nacional) del CCSE se localiza en ,
siendo todo el territorio español su ámbito de actuación
general.

Para los niveles inferiores, los Consejos de Gestión
respectivos propondrán al Consejo de Gestión Nacional su
nueva dirección (que deberá ser aprobada por el último). Esta
última integrará todos los organismos citados en el artículo 26.

ARTÍCULO 6.- DIRECCIÓN VIRTUAL

El partido contará con las direcciones virtuales que le sean
necesarias para poder desarrollar su trabajo (webs, correos
electrónicos…), en todos los contextos requeridos.

ARTÍCULO 7.- PRINCIPIOS DE ORGANIZACIÓN

Los principios de organización del partido son los siguientes:

1) Principio de eficiencia de mando; supone que
todos los puestos del partido deberán ser renovados

y elegidos cada cierto tiempo.

2) Principio de eficiencia de cargo; habrá el menor número de
cargos posibles, con el mayor poder concentrado que sea
factible.

3) Principio de eficiencia de representación; la base
denomina a la cima, lo cual implica que la podrá juzgar
en todo momento.

ARTÍCULO 8.- LA ELECCIÓN POPULAR EN EL PARTIDO

La designación de los cargos políticos del CCSE se
realizará, en todo momento, a través de elecciones directas,
democráticas, universales y secretas, cuando la situación así
lo requiera. Eso incluye todos los puestos que no sean
ocupados, dentro del partido, por nombramiento directo o
indirecto.

En todos los casos se empleará la mayoría simple de votos, salvo
que se indique expresamente lo

contrario en los presentes Estatutos.

A su vez, se reconoce dentro del CCSE el instrumento
democrático de la Consulta Popular. Existirán dos tipos. La
Vinculante (cuyo resultado obligará al partido a su ejecución
práctica) y la No Vinculante (se hará con fines exclusivamente
informativos para la formación).

El Comité de Electores Permanente será el órgano autorizado
para poner en práctica ésta iniciativa. Un departamento se
encargará de convocar y obtener los resultados de dicha consulta.
Según la dimensión de la misma, corresponderá al Comité del
nivel territorial correspondiente su organización práctica. Ello
implica que si la importancia de la materia a consultar es de

ámbito nacional, lo hará el Comité nacional (de entre los militantes totales del partido). Si es provincial, lo realizará el Comité Provincial correspondiente (de entre los afiliados pertenecientes a ésa región).

Si se aprueba una propuesta de carácter Vinculante, ésta será válida (al menos) hasta la siguiente renovación de los puestos nacionales del partido (momento en el cual se votará de nuevo [la propuesta] para estimar su confianza entre los afiliados). Si no se lograra la mayoría de votos, se debería adoptar una medida alternativa (también por mayoría). Si ésto tampoco fuera posible, la propuesta anterior continuará siendo válida hasta la próxima votación (obligatoria).

PRECEPTO 2.- EL AFILIADO

ARTÍCULO 9.- CARACTERÍSTICAS

El militante del CCSE se comprometerá a defender el socialismo y la eficiencia, de acuerdo con lo establecido en los parámetros ideológicos. Deberá ser mayor de edad para entrar en el partido como miembro de pleno derecho (dicha mayoría se definirá según la legislación vigente). Los menores podrán entrar en las Juventudes del partido, de ser admitidos.

La afiliación a la organización dependerá de la admisión del Comité de Electores Permanente (se admitirá a trámite y se resolverá en el nivel territorial más adecuado para cada caso), que evaluará su idoneidad.

ARTÍCULO 10.- TIPOLOGÍA

Se entenderán dos conceptos de militante; activos y pasivos.

ARTÍCULO 11.- DEFINICIÓN TIPOLÓGICA

Los militantes ACTIVOS;

Derechos

1) Serán miembros elegibles para los cargos ejecutivos del
partido.
2) Podrán presentarse exclusivamente a los cargos públicos
del estado.
3) Votarán en la Asamblea las listas de los candidatos
nacionales a presentar, así como los candidatos regionales o
locales directamente (según lo expresado en el artículo 24).

Deberes

1) Pagarán las cuotas periódicas.
   2) Acatarán en todo momento la disciplina y acuerdos
       alcanzados en la Asamblea de Electores.
   3) Defenderán la actividad del partido y su ideología,
       definida en documentos populares y generales, de forma
       exclusiva.
   4) Nunca formarán parte de otras organizaciones políticas
       mientras dure su militancia activa. Tampoco de las sociales
       (sindicatos, asociaciones, etc.)

Por otra parte, los militantes PASIVOS;

Derechos

1) Podrán formar parte de todos los cargos no ejecutivos del
partido.
2) Podrán votar en la Asamblea las listas de los candidatos
presentados para los puestos estatales nacionales. En las
votaciones de los niveles territoriales inferiores, también

podrán participar (según lo indicado en el artículo 24).

Deberes

1) Tendrán la obligación de comprometerse con la formación,
bien colaborando físicamente, bien donando periódicamente.
2) Acatarán en todo momento, como los activos, la disciplina y
los acuerdos logrados en la Asamblea de Electores.
3) Nunca formarán parte de otra organización política
(exclusivamente) mientras dure su militancia pasiva.

<u>PRECEPTO 3.- EL PARTIDO Y SU ORGANIZACIÓN</u>

ARTÍCULO 12.- ÓRGANOS POLÍTICOS

Los órganos del partido serán los siguientes.

1) En el plano directivo, los Consejos de Gestión (Artículos 13-
   19).

2) En el plano popular, la Asamblea de Electores y sus
   organismos dependientes (Artículos 20-24).

3) Adicionalmente, habrá un Tesorero General, independiente de
   todos los órganos (Artículo 25).

4) También podrían existir unas Juventudes del Partido (Artículo
   27).

ARTÍCULO 13.- EL CONSEJO DE GESTIÓN

El Consejo de Gestión será el encargado de representar la
voluntad ejecutiva de la organización a todos los niveles.
Habrá Consejos de Gestión locales (se ocupan de las áreas

inframunicipales definidas en las leyes correspondientes); municipales (de los municipios); provinciales (exclusivamente de las provincias), autonómicos (tanto de una como varias provincias) y nacional (representa al país).

ARTÍCULO 14.- INTEGRANTES DEL CONSEJO

Cada Consejo estará integrado por un Presidente y un equipo de Vocalías (número determinable por necesidad) dado (no se recomienda más de cuarenta). La autoridad del Consejo es comunal, implicando por ello que la toma de decisiones sólo será válida si cuenta con la aceptación de todo el equipo (votación directa válida de mayoría simple).

ARTÍCULO 15.- EL PRESIDENTE DEL CONSEJO

El Presidente es el representante supremo del Consejo. Su función es asumir las responsabilidades del partido y coordinar al equipo de vocales. Su mando no es pleno; su voto contará como uno más dentro del Consejo. Sólo tendrá un privilegio; podrá llamar a votación a todos los miembros de éste para aprobar o no por mayoría simple una medida cualquiera de las Vocalías.

El Presidente del Consejo de Gestión Nacional es el mayor representante del partido, y su único jefe ejecutivo. Tiene el poder adicional de ser capaz de destituir y nombrar a cualquier Vocal nacional un máximo de dos ocasiones. Esto no debe confundirse con el poder de remoción del Consejo, explicado en el artículo 19.

Por otra parte, existirá la figura del Vocal de Partido, que hará las veces de secretario general. Será elegido por el Presidente una sola vez, sin que haya posibilidad de nombrar a otro hasta las siguientes elecciones de la Asamblea. Este formará parte del Consejo Nacional.

ARTÍCULO 16.- LAS VOCALÍAS

Las Vocalías se estructurarán por sectores (Sanidad, Ciudadanía...). Cada vocal es el responsable ejecutivo supremo de las políticas que el partido desarrolle en su ámbito de actuación. Es el administrador general de su departamento y, como tal, asume las consecuencias de su dirección. Debe existir proporcionalidad y cohesión en el número de Vocalías a todos los niveles de actuación territorial del Partido.

ARTÍCULO 17.- PERSONAL ANEXO AL CONSEJO

El Consejo contará con los asesores y personal adjunto de libre designación, necesario para efectuar su trabajo. El método de funcionamiento se basará en la propia iniciativa de los Vocales para dirigir su sector político, con el Presidente como simple inspector de sus acciones. La contratación de personal obligatorio dependerá del voto mayoritario simple, válido y aprobado conjuntamente por el Consejo. El de libre designación no será necesario, siendo responsabilidad directa del Presidente o el del Vocal que los nombre.

ARTÍCULO 18.- FORMACIÓN DE LOS CONSEJOS

La elección del Consejo de Gestión Nacional dependerá de la Asamblea de Electores. La designación de los Consejos inferiores dependerá siempre de los niveles superiores. Esto es, la dirección nacional elegirá a los miembros autonómicos (o directamente a los provinciales, si no hubiera autonomías).

Estos, a los provinciales; los últimos, a los municipales y locales (todos ellos de entre los afiliados activos que correspondan a la región asociada).

Si una entidad inferior desea ser elegida por votaciones internas, deberá solicitarlo a la superior y contar con su visto bueno, en todos los casos. Siempre deberá repetir el proceso, si lo desea, para cada renovación del Consejo afectado. Eso no invalida en modo alguno las atribuciones reconocidas en los presentes estatutos para los Consejos superiores.

Para la constitución original de cualquier Consejo regional o local, se usará el sistema de votación interno de entre los afiliados pertenecientes a la región afectada. A petición de éstos hacia el Consejo inmediatamente superior (y contando con su aprobación), se harán elecciones que cubrirán los puestos del nuevo Consejo a crear. Una vez formado (y apoyándose en el Comité superior correspondiente para crear su división territorial necesaria [nombrada por el mismo]), la nueva dirección regional organizará (en términos legales) la formación política en ése territorio. También dará cuenta al Consejo superior de todos los requerimientos que éste le solicite.

El sistema electivo se regirá por un reglamento básico, que será aprobado por la Asamblea.

ARTÍCULO 19.- FACULTAD DE REMOCIÓN

Los órganos superiores podrán remover a los inmediatamente inferiores en un máximo de tres ocasiones, sin dar explicaciones a la Comisión de Evaluación; a la cuarta, será motivo de sanción si no se justifica dicha acción. En caso de remoción, la nueva dirección inferior podrá ejercer su derecho de cambio, también, hasta en tres ocasiones.

Este poder debe ejecutarse por votación del Consejo que así decida proceder. Debe obtenerse una mayoría simple y válida de votos para efectuar la remoción de la dirección inferior elegida.

ARTÍCULO 20.- LA ASAMBLEA DE ELECTORES

La Asamblea de Electores representa al cuerpo de compromisarios políticos del CCSE. Se trata del órgano de representación popular por excelencia, y tiene la función de servir como vehículo de expresión real a todos los pensadores socialistas eficientes. Se reúne cada tres años por convocatoria del Comité de Electores Permanente (nacional) y durará un máximo de ocho meses.

ARTÍCULO 21.- EL ELECTOR

Serán Electores todos los militantes del partido que así lo deseen, previa solicitud de participación aprobada por el Comité de Electores pertinente (anterior a la nueva elección). Las votaciones que se produzcan en la Asamblea respetarán lo expresado en el artículo 8.

En principio, se admitirán a trámite todas las solicitudes presentadas hasta un máximo de participantes admitido (el Comité nacional lo determinará). Se estudiarán y se aceptarán (o no) por orden de llegada; ocuparán el lugar de las rechazadas las siguientes más próximas en cuanto a tiempo de presentación. En última instancia, será el Comité nacional aquel que decida cuáles serán admitidas (reservándose el criterio interno aplicado para su aprobación).

El proceso de selección será el siguiente. Una vez el Comité de Electores nacional lo determine, se convocará la Asamblea.

Todos los militantes podrán presentar su candidatura en el Comité correspondiente a su zona de voto (quedará definido en el Reglamento oportuno). Una vez cerrado el plazo, el Comité oportuno (aquel que esté facultado para ello por el Reglamento) creará las listas de candidatos a Electores primando el tiempo de presentación. Los primeros figurarán como destacados al momento de votar, en el orden de lista. Después, todos los afiliados que así lo deseen escogerán a sus candidatos en las elecciones para la Asamblea.

Serán Electores aquellos candidatos que hayan obtenido mayor número de votos y, en caso de duda, se hubiesen presentado con mayor antelación. El Comité correspondiente guardará registro tanto de los ganadores como del resto de participantes, que serán sustitutos de los primeros en caso de renuncia (aplicando los criterios anteriores).

El número de Electores (definido por el Comité nacional) se distribuirá en cuotas para cada provincia o territorio insular (con presencia institucional del partido), atendiendo a sus características propias. Se tendrá en cuenta el nivel de afiliación y la relevancia electoral para determinar dicho número.

Todos los miembros tendrán los derechos correspondientes, tanto a su tipo de afiliado, como a su régimen de faltas. Ningún miembro será superior a otro; ni podrá arrogarse privilegios; ni imponer nada a nadie, sea cual fuere su condición, salvo lo expresado en los presentes Estatutos.

ARTÍCULO 22.- COMPETENCIAS DE LA ASAMBLEA

Serán competencias de la Asamblea (y se debatirán, si procede, por éste orden):

1) Representar la voluntad del pueblo socialista eficiente, como su máximo responsable. Se votará un Comité de Asamblea (de un máximo de un décimo de miembros de la propia Asamblea) de entre los Electores que servirá para proponer las listas de candidatos a todos los organismos dependientes de la misma para su nombramiento (dicho Comité también se empleará para moderar y coordinar el funcionamiento interno de la Asamblea)

El Comité lo dirigirá el Presidente de la Asamblea, cuya función será coordinar el proceso de propuesta y votación de candidatos (junto con el de moderar y coordinar la Asamblea misma).

En primer lugar, se elegirá al Presidente de entre todos los Electores válidos que se postulen directamente al cargo. Una vez confirmado el Presidente, éste elegirá un número máximo (limitado) de asistentes asamblearios (secretario...) y los propondrá como lista a la Asamblea.

Si la lista es aceptada por la Asamblea, el Comité quedará constituido. Si no, se propondrán otras hasta la fecha misma de cierre de la Asamblea. En ése caso, se deberá convocar otra extraordinaria cuando el Comité de Electores lo indique, en un plazo no superior a cuatro meses. Se elegirá a un nuevo Presidente y se repetirá el proceso. De no lograrse, se celebrarán tantas extraordinarias como sean necesarias hasta que se consiga constituir el Comité.

Hecho esto, el Comité comenzará a elaborar las listas (o nombre único en el caso de los órganos unipersonales) de candidatos (para los órganos políticos) de entre los Electores válidos para ofrecerlas a la Asamblea, que las votará (por el orden aquí establecido). El organismo que no alcance consenso suficiente no será renovado hasta la siguiente convocatoria.

2) Elegir a la Comisión de Evaluación del partido (Si no existen denuncias, no se escogerá).

3) Elegir a los miembros del Consejo de Gestión Nacional.

4) Elegir al Comité de Electores Permanente nacional que gestionará los procesos internos del mismo, con transparencia.

5) Elegir al Tesorero General.

6) Crear, modificar o aprobar todo tipo de reglamento y norma del partido, incluyendo sus Estatutos. Delegará la tarea gestora (dejando claros los puntos a cambiar) en el Comité de Electores Permanente renovado (se hará si resultara necesario. De no ser así, se omitirá éste paso).

7) Aprobar o no las listas de los elegidos para los cargos públicos del Estado, de entre los militantes activos.

La Asamblea votará la aprobación (o no), al menos, de los candidatos públicos nacionales. Los de nivel autonómico, provincial y local serán elegidos directamente por los militantes (si no los vota la propia Asamblea), tal y como se explica en el artículo 24.

La Asamblea podrá delegar su función de refrendo en la figura de un Notario Autonómico, Provincial, Local... propuesto por el Comité de Electores nacional, para que de fe y valide (o no) las candidaturas de su nivel correspondiente. Dicha figura sólo existirá para aprobar (o no) la lista electoral pertinente, y desaparecerá una vez se oficialice la misma, al menos, hasta la siguiente Asamblea. Debe ser elegido por mayoría absoluta de la Asamblea de Electores reunida, de entre varios candidatos propuestos.

Si el Notario se niega a aceptar una lista, se le presentarán otras alternativas. Si no acepta ninguna, no habrá candidatos para ese nivel.

La Asamblea puede negarse a presentar la lista nacional. En ése caso, no habrá votación.

ARTÍCULO 23.- LA COMISIÓN DE EVALUACIÓN

La Comisión de Evaluación será un organismo de jueces políticos que valoren la actividad de los Consejos de Gestión que hayan cesado, así como la del Tesorero (también la de los militantes comunes que así lo requieran). Se compondrá de un número limitado de miembros del partido (no más de 600 [podrá ser mayor si la Asamblea así lo determina], con número ideal en 20), los cuales, con ayuda de asesores y asistentes, tendrán que estudiar las acciones de los responsables pasados y juzgar sus actuaciones, con las correspondientes sanciones pertinentes.

Su carácter es temporal, sólo existiendo durante la elección de la Asamblea o después, si se deben continuar dichos juicios, según lo estipulado en el artículo 32. Se disolverá hasta la siguiente, una vez concluidos o suspendidos éstos.

ARTÍCULO 24.- EL COMITÉ DE ELECTORES PERMANENTE

El Comité de Electores Permanente (entendido tanto como organismo a todos los niveles, como al nacional) existirá antes, durante y después de la Asamblea, junto con los Consejos de

Gestión. Su número de miembros plenos no excederá (podrá ser mayor si la Asamblea así lo determina) de dos mil (excluyendo a personal asistente), siendo el tamaño ideal en torno a 150 (contando a los responsables principales de cada departamento). Será el organismo administrativo por excelencia que, siendo renovado en la anterior, cumplirá las siguientes funciones:

1) Se encargará de facilitar a las autoridades todas las demandas que la actividad de la formación ocasione. (Departamento de Gestiones Generales)

2) Su función también incluirá vigilar y requerir toda la información necesaria al Tesorero General, para que se mantenga su independencia, en todo momento. (Departamento de Financiación).

3) Al igual que los Consejos, contará con personal asistente de libre designación. También, de ser necesario, creará diferentes niveles de actuación territorial para su mayor comodidad. Podrá existir un Comité de Electores Nacional; otros Autonómicos, Locales... La elección de los Comités de nivel inferior al nacional se elegirán de la misma forma que los Consejos de Gestión (incluyendo a miembros pasivos). El departamento de Organización Interna elegirá y controlará a los equipos autonómicos (o provinciales si no hay). Estos, a los provinciales y sucesivamente. Todos deben dar cuentas de su actividad a la dirección nacional, de ser requerido. Su tarea no puede influir en los Consejos, salvo lo estipulado en estos Estatutos.

4) Gestionará la creación y modificación de los Estatutos y de todos los restantes reglamentos, exclusivamente, durante la reunión de la Asamblea. Si ésta le autoriza para continuar hasta una fecha máxima posterior, podrá

hacerlo, sin extralimitarse. También se encargará de realizar las Consultas Populares (Departamento de Gestiones Generales).

5) Un grupo de dichos Electores se encargará de controlar los errores que pudieran ocasionar los Consejos. En caso de una infracción, el Comité registrará la misma e informará secretamente a la Comisión de Evaluación, cuando ésta se convoque, para que proceda a juzgar según lo previsto. (Departamento de Vigilancia Interna).

6) El Comité mantendrá reuniones constantes con el Vocal de Partido, que hará las veces de Supervisor del mismo. Este órgano estará dirigido por un Elector-Director, elegido por mayoría simple de los Electores presentes. Coordinará al resto de jefes-electores de cada departamento y negociará (e informará) con el Vocal de Partido.

7) Se encargará de supervisar el proceso de captación, estudio y aprobación de los fondos recibidos por el Partido. También, de controlar las cuotas no pagadas y de ser el principal responsable de informar a la autoridad correspondiente sobre dichos movimientos. (Departamento de Financiación).

8) Creará las listas de los miembros activos elegidos para los cargos del Estado, que será refrendada siempre por la Asamblea (salvo que se omita por voluntad expresa de la misma). Se presentará una lista principal nacional (de nivel inferior si se vota en ella) junto con otras sustitutas para refrendo de la citada Asamblea. De no ser aceptada por ésta la primera, el Comité deberá ofrecer las siguientes como posibles. De no valer ninguna, no se presentarán candidatos para las siguientes elecciones.

En los niveles inferiores al nacional, el Comité de Electores correspondiente facilitará todas las listas posibles para su aprobación (o no) por parte de los militantes (activos y pasivos) del territorio afectado (autonomías, provincias...). Se deberá votar de la siguiente manera.

El voto debe registrarse en el local oficial (habilitado a tal efecto) del partido indicado a los afiliados con la suficiente antelación. En principio, debería ser la sede del mismo que esté afectada por las próximas elecciones (sede autonómica, provincial...). De no ser así, se aclarará al militante dónde se realizará.

Se puede, o bien votar en el propio local tras cumplir los requisitos previos de participación indicados en posibles reglamentos; o votar por correo enviándolo a dicho local; o votar en la sede del Partido más cercana. En los dos últimos casos, el afiliado deberá notificarlo con antelación (como le fuese posible) y esperar la aprobación del Comité referido. En tal caso, se le proporcionarán por los medios más eficientes (correos, por ejemplo) el material necesario para ejercer dicho derecho al voto.

Una vez votadas las listas, se procederá al recuento. La lista de candidatos que obtenga la mayoría (simple) de votos válidos emitidos, es la ganadora. El afiliado puede escoger una lista, no hacerlo (voto en blanco) o no votar. El respeto a la elección del miembro del Partido es siempre absoluta.

Por otra parte (y de forma excepcional), el Comité nacional tendrá la facultad exclusiva de nombrar a un Notario correspondiente al nivel territorial de la lista a validar, para que de fe y acepte (o no) la lista ofrecida si la Asamblea ha decidido formalmente delegar su aprobación en el mismo representante. El nivel territorial del Comité que organice la lista tendrá que disponer de varias de ellas para presentarlas, por si el Notario se niega a aceptarlas. Dicha presentación y aceptación (o no) se hará dentro de un tiempo prudencial (paralelo, a ser posible, al tiempo de confección final de dichas listas), antes de las elecciones. Cumplirá lo establecido en el artículo 22. (Departamento de Gestiones Generales)

9) Convocar el inicio y final de la Asamblea de Electores, tanto en su carácter ordinario como extraordinario (lo ejecuta el Elector-Director, apoyándose en el Departamento de Gestiones Generales).

10) La Oficina General se organizará en cuantos departamentos sean necesarios, siendo siempre dirigidos por un Elector. Podrá haber otros diferentes (departamento de Comunicación, departamento de Labor Social [que gestione la realidad social de los afiliados], otros...) según la demanda interna que la actividad del CCSE genere. La creación de las secciones nuevas dependerá del Elector-Director (que elegirá a sus jefes temporales) y la renovación (o no) de sus miembros de la Asamblea de Electores (el Comité de Asamblea estudiará si sugiere el cambio de sus titulares).

ARTÍCULO 25.- EL TESORERO GENERAL

El Tesorero General es el responsable de las finanzas del partido. Debe llevar el control de sus cuentas, con ayuda de asistentes, e informar de todo al Comité de Electores Permanente (del nivel territorial nacional), el cual le dará o no su visto bueno. Una vez elegido, sólo será revocado a final de mandato, en una nueva convocatoria de la Asamblea.

Pueden crearse subdivisiones territoriales de la Tesorería, de resultar necesario. En ese caso, cada una lo dirigirá un

Tesorero Provincial, Municipal... que será nombrado por el General (los Tesoreros regionales deberán dar cuentas [en primer lugar] al Comité de Electores correspondiente a su nivel territorial [también informarán al Tesorero General]). La actuación de éste (o de sus subordinados), en todo caso, será evaluada por dicho Comité de Electores, que podrá reportar cualquier incidencia a la Comisión (de resultar necesario).

ARTÍCULO 26.- LA ORGANIZACIÓN ESPACIAL

El partido se estructurará en diferentes niveles territoriales como entes legales diferenciados. La suma del Comité de Electores y el Consejo de Gestión formarán el núcleo del partido en cada espacio que represente.

A nivel nacional, existirá el Comité y Consejo nacional, junto con el Tesorero General. Ocuparán la sede (nacional) del partido como un mismo ente legal que lleve por nombre el de la formación.

Este ente también tendrá que gestionar los espacios que se empleen para dar función al resto de órganos nacionales, incluyendo a la Asamblea.

A nivel autonómico, provincial, local... se repetirá el modelo (sin Tesorero, salvo que éste también se estructure a diferentes niveles, en cuyo caso se incluiría como Provincial...). Una (o varias coordinadas) sede para ambos órganos partidistas con el nombre del partido, al que se le añadirá el de la región o localidad en la cual opera.

En los casos oportunos, se podrían emplear las mismas sedes para funciones dobles (por ejemplo, una sede autonómica que sirva también para fines provinciales y/o locales).

El principio de funcionamiento no es enteramente federal o unitario. El ente nacional marca las políticas principales a seguir. En todo lo demás, las entidades regionales del partido tienen libertad de actuación, siempre respetando los presentes estatutos.

ARTÍCULO 27.- JUVENTUDES DEL PARTIDO

El CCSE no dispone, en principio, de organizaciones juveniles. No obstante, de ser necesarias, el Comité de Electores Permanente contará con una subdivisión que integre la dirección de las mismas (por niveles territoriales adaptándose a los comités ya existentes, si fuera necesario). La militancia podrá ser de hasta cuatro años menor que la mayoría de edad legal vigente, momento en el cual todo miembro pasará a ser parte adulta del partido. El símbolo de las juventudes serán las siglas de las mismas en color negro (estilizadas), dentro de una bandera roja.

PRECEPTO 4.- LA FINANCIACIÓN DEL PARTIDO

ARTÍCULO 28.- FORMAS DE FINANCIACIÓN

El CCSE entenderá como válidas, al menos, dos formas de financiación. Tanto el pago de las cuotas de los militantes activos, como las donaciones que reciba de los pasivos, serán plenamente aceptables por la organización.

ARTÍCULO 29.- RESPONSABILIDAD DE GESTIÓN

La financiación del partido será estudiada y valorada por el Comité de Electores Permanente, tal y como se explicó en el artículo 24.

ARTÍCULO 30.- PRINCIPIOS GENERALES DE LAS CUOTAS

El pago de cuotas respetará la equidad, progresión y proporcionalidad de los afiliados, entendiendo su situación personal en todo momento.

PRECEPTO 5.- LA SANCIÓN

ARTÍCULO 31.- RESPONSABILIDAD DE ENJUICIAMIENTO

Las sanciones a los miembros del partido será competencia exclusiva de la Comisión de Evaluación. Los juicios tanto a militantes activos como a pasivos deberán ser de procedimiento lo más breve posible, y buscando en todo momento el respeto a la libertad del sujeto.

ARTÍCULO 32.- EL PROCEDIMIENTO A SEGUIR

El procedimiento de juicio será el siguiente. Los jueces actuarán de oficio en todo momento, según denuncia previa del Comité de Electores Permanente o por iniciativa propia, aunque no haya pruebas. Todo acusado tiene derecho a defensa legal, que podrá ser propia o facilitada por el partido.

Se iniciará dicho procedimiento aportando los indicios que se crean convenientes para justificar dicha actuación. Si en el transcurso del juicio, se encontraran evidencias que pudieran demostrar la existencia de un comportamiento anómalo dentro de la organización, se prolongará forzosamente la acción de dichos jueces más allá del período electoral de la Asamblea. En caso de encontrarse pruebas sólidas, se formalizará la acusación y se sancionará o no al afiliado, según lo dictado por la Comisión. Se entiende ésta de instancia única, y es inapelable una vez confirmada la sanción.

De no hallarse evidencias durante el estudio del caso, se cerrará lo antes posible dicho procedimiento. El partido podrá reparar la dignidad del afiliado con una compensación económica, de cuantía proporcional a la de sus aportaciones, si fuera necesario.

Los juicios podrán durar entre 6 y 122 días como máximo. De no hallarse sanción aplicable alguna en éste tiempo, se pospondrá dicho juicio hasta la siguiente Asamblea, manteniendo al afiliado en régimen de amonestación.

ARTÍCULO 33.- TIPOS DE SANCIÓN

Existirán tres formas de sanción. La amonestación, la suspensión y la expulsión. En el primer caso, se privará al militante de presentarse a ningún cargo del partido, pero mantendrá su derecho de votar y opinar dentro de la formación.

La suspensión implicará perder todos los derechos por un plazo máximo de tres años, momento en el cual recuperará dichos derechos de forma obligatoria.

La expulsión, el más grave, implica la salida del partido del afiliado, y la imposibilidad de entrar de nuevo en la formación, al menos, hasta que pasen seis años desde el momento de su expulsión.

En cualquier caso, si el afiliado regresara tras esos seis años,

deberá contar con el visto bueno del Comité de Electores
Permanente para ser readmitido.

PRECEPTO 6.- DISPOSICIONES AÑADIDAS

ARTÍCULO 34.- SITUACIONES NO PREVISTAS

Cualquier situación no prevista en éstos estatutos será de
competencia exclusiva de la Asamblea de Electores, que tendrá
la facultad (de gestión delegada en el Comité de Electores
Permanente) de hacer frente a dichos cambios adaptándose al
contexto de la nueva realidad, de la forma más eficiente
posible. Eso incluye la creación, modificación y aprobación de
todo reglamento o norma nueva (o añadida) que se genere con
el fin de mejorar la situación organizativa y de gestión del
partido.

PRECEPTO 7.- DISPOSICIONES TRANSITORIAS

ARTÍCULO 35.- ASAMBLEA DE ELECTORES EXTRAORDINARIA

Si fuera necesario convocar una Asamblea en un período que
no fuese el marcado, el Comité de Electores Permanente
forzará dicha convocatoria hasta la fecha elegida. Se definirá la
Asamblea como extraordinaria en los documentos del partido,
y su existencia será juzgada por la Comisión de Evaluación
formada en la misma, que investigará la decisión de los líderes
del Comité, para aclarar si hubo o no irregularidad alguna en la
citada decisión. Su funcionamiento será idéntico a la ordinaria.